KB055366

인공지능 네트워크와 슈퍼 비즈니스

인공지능 네트워크와
슈퍼 비즈니스

초판 1쇄 발행 2016년 4월 29일
초판 2쇄 발행 2017년 3월 2일

지은이 강시철

발행인 윤새봄
단행본사업본부장 김정현
편집장 이정아
제작 류정옥
마케팅 이현은 박기홍

발행처 (주)웅진씽크빅
출판신고 1980년 3월 29일 제406-2007-00046호
브랜드 리더스북 **주소** 경기도 파주시 회동길 20
주문전화 02-3670-1021, 1173, 1595 **팩스** 02-747-1239
문의전화 031-956-7096(편집) 02-3670-1191(영업)

홈페이지 www.wjbooks.co.kr
페이스북 www.facebook.com/wjbook
트위터 @wjbooks

이 도서의 국립중앙도서관 출판시도서목록(CIP제어번호: CIP2016009788)은
e-CIP 홈페이지(http://www.nl.go.kr/ecip)에서 이용하실 수 있습니다.

• 책값은 뒤표지에 있습니다.
• 잘못된 책은 구입하신 곳에서 바꾸어 드립니다.

인공지능 네트워크와 슈퍼 비즈니스

사물인터넷, 그 다음 세상

강시철 지음

리더스북

기술은 별것 아니다.
중요한 것은 사람에 대한 믿음이다.
그들은 근본적으로 선하고 현명하다.
그들에게 도구를 쥐어주면 멋진 일을 해낼 것이다.

—

스티브 잡스

인공지능 네트워크, 인류가 꿈꾸던 초능력을 가능케 하다

가브리엘은 생각만으로 기기에 접속해 멀리서도 그것을 조종할 수 있다. 그의 뇌는 인공지능Artificial Intelligence, AI에 접속되어 있어 마치 걸어 다니는 슈퍼컴퓨터나 다름없다. 눈 역시 증강현실AR 솔루션과 연결되어 어떤 상황을 떠올리는 즉시 3차원 영상이 바로 화면처럼 떠오르고, 이를 시뮬레이션 할 수 있다.

가브리엘은 2014년 방영된 미국 드라마 〈인텔리전스〉에 등장하는 초능력자다. 그가 가진 초능력의 비밀은 의외로 간단하다. 뇌 속에 조그만 마이크로칩이 이식되어 있는 것이다. 이 마이크로칩이 인터넷과 접속하고, 뇌신경을 통해 모든 정보를 처리하고 제어할 수 있게 해준다.

이처럼 인간이 또 다른 존재와 연결되거나 결합해서 새로운 능력을 발휘할 것이라는 생각은 그리스 신화에 등장할 정도로 뿌리가 깊다. 인간의 머리에 뱀을 결합시킨 메두사는 사람을 돌로 변하게 하는 마법을 지녔고, 반인반수 켄타우로스는 사람과 말이 결합해 신에 대적할 만한 압도적인 힘을 지닌 존재였다.

이후 과학이 발달하면서 인간과 다른 존재의 결합에 대한 상상은 다른 양상으로 나타났다. 사람과 기계가 결합하는 상상을 하기 시작한 것이다. 원조는 소설 〈프랑켄슈타인〉이다. 무생물에 생명을 부여하는 방법을 알아낸 제네바의 물리학자 프랑켄슈타인은 죽은 자의 뼈로 거인 인형을 만든 뒤, 전기충격으로 그 인형에 생명을 불어넣는다. 근대에 와서 인간과 기계의 결합에 대한 상상은 1970년대 드라마 〈육백만 달러의 사나이〉, 〈소머즈〉 등에 등장해 인기를 끈 뒤 최근의 영화 〈로보캅〉, 〈아이언맨〉 등에 이르기까지 끊임없이 발전해왔다.

그런데 인공지능 네트워크 시대가 오면서 기계와의 결합에 대한 상상은 간소하면서도 더 강력해졌다. 앞선 이야기의 주인공들이 기기와의 결합을 위해 신체의 일부를 기계로 바꾸고 심장에 원자로를 심어야 했다면, 가브리엘은 슈퍼맨으로 변신하기 위해 뇌에 칩을 하나 심은 정도다. 가브리엘의 초능력은 사물인터넷Internet of Things, IOT을 넘어선 인공지능 네트워크 또는 인공지능 인터넷Internet artificial Intelligence 시대가 왔음을 보여주었다.

사물과 사물이 아닌 인공지능과 인공지능의 연결

세간의 화제였던 구글 딥마인드Google DeepMind가 개발한 인공지능 알파고AlphaGo와 바둑 기사 이세돌의 바둑 대국 덕분에 우리는 인공지능의 존재에 대해 확실히 알게 되었다. 그리고 그중 특히 주목해야 할 개념이 인공지능 네트워크이다. 인공지능 네트워크는 인공지능이 시공을 초월해 언제 어디서든 연결되는 초연결 인공지능의 세계를 말한다. 앞으로는 비즈니스의 핵심이 사물의 인터넷 연결이 아닌, 인공지능의 초월적 연결이 될 것이다. 사물과 사물의 두뇌, 사물과 인간의 두뇌가 연결되는 세상에선 어떤 비즈니스가 펼쳐질까? 이 책을 통해 그 놀라운 세상을 알아보고자 한다.

인간과 기계의 결합을 공생이라는 시각에서 조명한 책《제2의 기계시대》의 저자 에릭 브린욜프슨Erik Brynjolfsson MIT 슬론경영대학원 교수는 기계와 인간의 시너지를 통해 인간이 더욱 강해질 수 있다고 강조했다. 인간의 전략과 인공지능의 치밀한 전술이 결합해 슈퍼파워가 만들어지기 때문이다. 사물인터넷은 바로 이와 같은 공생의 가능성을 보여주었다. 인간과 기기가 연결되고 또 기기와 기기가 연결되어 혁신적 가치가 창출되는 것이다.

그런데 단순한 사물들의 결합으로 보였던 사물인터넷을 파헤쳐보니 그 핵심이 사물들 뒤에 존재한 인공지능에 있음을 알게 되었다. 사물들이 연결되어 새로운 가치가 만들어지고 있는 줄 알았더니 그것이 아니라 인공지능들이 연결되면서 새로운 가치를 만들어내고 있었던 것이다. 이제는 초연결 인공지능 없이는 어떤 비즈니스도 혁신할 수 없는 시대가 되었다.

인공지능 네트워크는 사물인터넷 다음 세상이 아니라 어쩌면 처음부터 그들의 세상이었다. 이 사실을 일찍 알았던 기업들은 이미 그 판에 뛰어들어 큰 성공을 거두고 있다. 우리가 알파고의 존재를 충격으로 받아들이고 있을 때 이미 글로벌 빅브라더들은 인공지능으로 비즈니스 세계를 점령해나가고 있었다.

접속된 인간이 사는 세상

하버드대학교에서 뇌공학Brain Engineering을 연구하는 아들이 내게 재미난 실험에 관한 이야기를 했다. 생체에 기억을 주입하는 실험이었다. 실험용 쥐에 기억을 담은 마이크로칩을 붙였더니 그 쥐가 처음 가는 미로를 헤매지 않고 바로 헤쳐 나가더라는 것이다. 아들은 인간의 뇌에 넣을 마이크로칩을 연구하고 있으며, 개발에 성공하면 치매를 완치할 것으로 기대한다고 했다. 이 연구가 더욱 발전해서 뇌 자체를 온라인에 접속시킬 수 있는 기술이 개발되면 애쓰지 않고 새로운 지식을 습득할 수 있게 만들고 싶다고도 했다. 그런데 내 아들만 이런 괴상한 이야기를 하는 게 아니었다. 같은 분야에 종사하는 아들의 지인들도 인간과 인공지능이 합체될 날이 머지않았다고 믿고 있다.

현재 빠르게 진행 중인 인공지능 네트워크 시대의 키워드는 '접속된 인간'이다. 과거 인간에게 인터넷은 방문이나 참여의 대상이었을 뿐이지만 오늘날 인간은 인터넷에 접속한 채 삶을 살아간다. 뇌 속에 마이크로칩을 이식하는 기술은 아직 연구 단계에 있지만, 뇌수술을 하지 않고도 인체가 인터넷에 연결되는 방법은 이미 다양하게 개발되어 있다.

스마트폰은 접속된 삶의 대표적인 매개체다. 여기에 스마트 글라스를 쓰면 능력치가 더욱 올라간다. 또한 지구 반대편에 있는 친구 얼굴을 보며 대화를 쓸 수 있고, 손목에 찬 스마트 밴드에 명령을 내려 TV 등 각종 가전제품을 조작할 수 있다. 머리띠를 통해 생각만으로 드론drone을 이륙시킬 수도 있다. 마치 《해리포터》의 세상처럼 소설 속에만 존재하던 마법 세계가 현실에서 펼쳐지고 있는 것이다.

싱귤래리티, 재앙이 아닌 기회로

인터넷에 연결된 인간은 어떤 삶을 살까? 인간이 인터넷에 자유롭게 연결된다면 클라우드 서버 속에 돌아가는 슈퍼컴퓨팅 파워와 구름 속을 넘나드는 집단지성을 이용할 수 있다. 나아가 구글Google과 나사NASA가 공동 개발한 D-웨이브 2X 같은 양자컴퓨터나 버클리대학교에서 연구 중인 자기 컴퓨터가 상용화되면 인간의 능력은 영화나 소설에서조차 그런 적 없는 영역에 이를 수도 있다. 양자컴퓨터는 지금의 슈퍼컴퓨터보다 1억 배 이상 빠른 속도로 연산할 수 있다고 한다.

그런데 여기서 간과해서는 안 될 것은, 인터넷에 연결되는 순간 우리는 수많은 사물들은 물론 다양한 인공지능과도 연결된다는 사실이다. 이 순간 의문이 생긴다. 이대로라면 인간은 네트워크에 연결된 하나의 노드node 정도가 되지 않을까? 인간은 세상을 지배하기 위한 슈퍼파워를 갈망하며 연결된 세상을 원했지만 지금 진행 중인 진화 방향은 스스로를 네트워크의 한 점으로 만들고 있는 것 같다. 이렇게 가다가 정말로 기계 중심의 암울한 세상이 되는 것은 아닐까?

인공지능이 발달해 인간보다 더 뛰어난 지능을 가지는 역사적 기점, 즉 싱귤래리티Singularity의 시점이 얼마 남지 않았음을 염려하는 목소리가 높다. 이들은 인공지능이 영화 〈터미네이터〉의 스카이넷 같은 존재가 되어 자신보다 하등한 존재인 인간을 지배하려 들지도 모른다는 우려를 표한다.

그러나 사물인터넷과 인공지능을 활용해 혁신적인 제품을 개발하는 슈퍼 비즈니스 기업들은 오히려 이런 상황을 기회로 만들고자 치열하게 경쟁 중이다. 사물과 두뇌의 연결, 두뇌와 두뇌의 연결이라는 포스트휴머니즘적 사고의 중심에는 휴머니즘의 극대화가 잠재해 있고, 슈퍼 비즈니스 기업들은 그 긍정적 가능성과 효과에 주목하고 있다. 사물인터넷은 이성주의, 합리주의를 대표하는 이론적, 디지털 휴머니즘을 상징하지만 이 사물들과 그들의 인공지능을 매개체로 사용하는 인간들은 존엄성을 더욱 키워나갈 수 있는 계기를 맞이한 것이다.

알파고의 승리를 평가하면서 인공지능과 인간의 대결 구도를 묘사하는 글들을 봤다. 그 내용이 재미있기는 하지만 현실적이지는 않다고 생각한다. 인공지능은 인간이 극복해야 할 미래의 도전이 아니라 인간이 사용하고 협업해야 할 현실적인 도구이기 때문이다. 알파고의 승리는 인공지능의 승리가 아니라 인간의 승리이고 좀 더 자세히 들여다보면 구글의 승리다. 구글은 알파고를 통해 인간과 인공지능이 어떻게 협업해야 하는지에 대한 가능성을 제시한 것이다.

장자莊子(BC 369~286)는 이런 세상이 올 것이라는 것을 일찌감치 예견했다. 장자는 사물이 내 자신이고 내가 사물의 일부가 되는 물아일체物我一體의 경지로 들어가면 자유로운 사유의 세계가 열린다고 했다. 그가 말하는 것처럼 사물인터넷을 통한 기기들과 인간의 결합으로 물아일체가 되는 세상에서 인간은 보다 자유로운 영혼을 갖고 더욱 행복해질 수 있을 것이다.

인공지능 네트워크, 성공사례를 비즈니스에 활용하는 법

하루가 멀다 하고 쏟아지는 새로운 기술들을 빠르게 이해하고 이를 사용하는 것이 대단히 중요해졌다. 그런데 그 기술들을 모두 이해하고 배우는 것은 쉬운 일이 아니다. 그래서 이 책에서는 보다 쉽게 어려운 기술을 비즈니스에 접목할 수 있도록 현존하는 초연결 인공지능 기술과 비즈니스들을 만화책이나 영화에서 흔히 등장하는 초능력의 틀로 재단했다. 그리고 첨단기술을 사용하는 사람들이 이런 슈퍼파워를 가진 사람들과 같다는 관점에서 바라보았다. 그랬더니 복잡한 첨단기술이 더 이상 어렵게 느껴지지 않고 즐거운 놀이처럼 보였다.

나는 이 책을 읽는 독자들 또한 날로 새로워지는 최첨단기술을 두려워하지 않고 있는 그대로, 놀이처럼 즐겨주길 바란다. 또한 첨단 기술 개발의 중심에는 항상 인간의 존엄성에 대한 배려가 있다는 것을 이해하길 바란다.

이 같은 깨달음에서 당신의 비즈니스를 재조명하면 많은 것이 달라질 것이다. 먼저 기술적 근시안으로 인한 실수를 줄일 수 있다. 또한 첨단제품 저변에 자리한 인문학적 배경을 읽어내다 보면 지금까지의 한계를 뛰어넘는 아이디어를 얻을 수 있다. 나 역시 실제로 이런 과정을 사업을 운영하며 경험하고 있다. 그리고 바로 이것이 내가 책을 쓴 이유다. 독자들이 첨단기술의 세계를 어린 시절 갖고 놀았던 신기한 장난감처럼 거리낌없이 받아들이고 자신의 비즈니스와 일상에서 더 나은 것으로 발전시켜나갈 수 있었으면 한다.

그런 점에서 독자들이 부디 이 책을 읽는 시간을 즐겨주기를, 그리고 인공지능 네트워크의 세계에 눈을 뜨고 이를 자신의 영역에서 적극 활용할 수 있기를 바란다. 이것이야말로 이 책의 궁극적인 지향점이다.

첨단기술은 대단하지만 두려워할 것은 아니다. 본문에서 설명할 KLM네덜란드항공KLM Royal Dutch Airlines의 'KLM 서프라이즈 이벤트'처럼 고객의 마음을 얻는 데 엄청난 인공지능 기술이 필요하지 않은 경우도 있다. 또한 기존의 시장 90퍼센트에 아이디어와 인공지능 기술 한 숟갈을 더하면 아마존Amazon이나 페이팔Paypal처럼 새로운 시장을 개척할 수도 있다. 문제는 활용이다.

각 장의 마지막에는 '당신의 비즈니스에 슈퍼파워를 불어넣는 팁'이라는 코너를 마련해놓았다. '이런 기술이 있구나.', '이런 성공사례가 있구나.'라고 느끼는 것에서 끝나지 않고 '그래서 나는 어떻게 이 기술을 활용할 것인가?'로 생각의 흐름이 이어질 수 있도록 다양한 관점에서 고민할 수 있는 시간을 갖길 바란다.

자, 이것으로 짧고도 긴 이야기가 끝났다. 준비되었는가? 지금부터 인공지능 네트워크가 만드는 슈퍼 비즈니스의 세계로 떠나보자.

CONTENTS

프롤로그   인공지능 네트워크,
            인류가 꿈꾸던 초능력을 가능케 하다 007

1   예지력을 판매하는 슈퍼 비즈니스
        판도라의 상자는 이미 열렸다

023   제2차 세계대전을 종결시킨 기계 **인공지능의 효시, 튜링머신**

027   기계가 스스로 학습을 시작했다 **딥러닝과 인공지능**

033   인공지능은 자의식을 가질 수 있는 존재인가
       인공지능의 도덕성과 의식기술 시대

038   구글, 인공지능 시장의 넘버원을 꿈꾸다 **맨해튼 프로젝트**

042   인지컴퓨팅의 패권을 잡아라 **페이스북, 비카리우스, 마이크로소프트, 아마존**

046   이미 생활 깊숙이 파고들어와 있는 인공지능 **IBM의 딥블루와 왓슨**

049   대륙에서 던진 출사표 **바이두의 개인비서 서비스, 두미**

050   마케팅 시장의 척도가 바뀐다 **인공지능 마케팅**

056   인공지능 마케팅에 활용될 솔루션 **MKDSS**

059   **당신의 비즈니스에 슈퍼파워를 불어넣는 팁**

소환술을 판매하는 슈퍼 비즈니스

플랫폼의 주도권을 잡아라

063 마치 부적을 붙인 것처럼 내 뜻대로 움직이는 집 **스마트홈과 플랫폼 전쟁**

066 사이버 세상에서의 영생을 꿈꾼다 **이터나인과 휴메이의 개성칩**

071 말하는 것만으로도 필요한 물건이 집 앞까지 **아마존의 대시**

073 세상에 딱 하나, 당신만을 위해 존재합니다 **초개인화 상품 마케팅**

077 내비게이션이 장착된 신발 **두케레의 리챌**

080 인공지능 마케팅 가상 시나리오 **사물들 간에 벌어진 홍보 경쟁**

084 경제 양극화 해소에 인공지능이 기여할 수 있다면 **고급 서비스의 보편화**

091 **당신의 비즈니스에 슈퍼파워를 불어넣는 팁**

독심술과 투시력을 판매하는 슈퍼 비즈니스

인공지능 마케팅의 미래

095 소련의 핵잠수함 기지를 투시하라 **미국의 초능력 부대, 슈퍼솔저**

098 집에서 즐기는 실제 같은 가상 쇼핑 **구글 비즈니스 뷰와 혼합현실 마케팅**

104 환자의 얼굴만 봐도 진료기록이 보인다 **어그메딕스가 개발한 의료용 앱**

107 고객의 생각과 감정에 반응하는 광고 **뉴로 마케팅**

111 고객의 SNS를 파악해 감동을 선물하다
  KLM네덜란드항공의 서프라이즈 캠페인

113 무서운 속도로 다가오는 비콘 시대에 대비하라 **비콘 서비스와 페이팔**

116 방문객의 구매를 유도하는 치밀한 전략 **고객 분석 업체 빈탱크**

122 **당신의 비즈니스에 슈퍼파워를 불어넣는 팁**

염력을 판매하는 슈퍼 비즈니스
접촉 없이 사물을 움직이는 기술

127 숟가락과 초능력으로 들썩였던 대한민국 **유리겔라와 염력 논쟁**

131 생각만으로 물건을 움직이는 기술 **이모티브와 BCI**

137 BCI 기술의 대중화를 선언하다 **뉴로스카이의 마인드웨이브**

140 특수장비 없이도 자유자재로 다루는 홀로그램 **마커리스 증강현실 기기**

144 세상 밖으로 나온 절대반지 **로그바와 커브의 스마트 반지**

147 **당신의 비즈니스에 슈퍼파워를 불어넣는 팁**

공간이동술을 판매하는 슈퍼 비즈니스
텔레포트가 현실이 된 세상

151 거리에 대한 개념이 사라진다 **최첨단 기술로 실현한 공간이동술**

153 누구나 실시간으로 만날 수 있는 시대 **텔레프레즌스 기술이 가져올 변화**

158 감성까지 전하는 공간이동기술 **더블로보틱스와 필로토크**

165 급격히 성장 중인 가상·증강현실 시장 **IT 빅브라더들의 피 튀기는 경쟁**

168 생활밀착형 축지법 **세그웨이와 전동휠**

172 **당신의 비즈니스에 슈퍼파워를 불어넣는 팁**

6

괴력을 판매하는 슈퍼 비즈니스
웨어러블 로봇 시장

177 기계론적 유물론의 창조물들 켄타우로스부터 아이언맨까지
179 입으면 누구나 괴력을 발휘하는 수트 웨어러블 로봇 개발 현황
184 웨어러블 로봇이 투입된 미래 전투 모습 TALOS 프로젝트
188 웨어러블 로봇으로 보다 편리해질 생활 생활밀착형 웨어러블 로봇
191 당신의 비즈니스에 슈퍼파워를 불어넣는 팁

7

마법의 집을 판매하는 슈퍼 비즈니스
스마트홈 전쟁

195 손 하나 까딱하지 않아도 내 마음을 알아주는 집 홈 인공지능
198 사용자의 습관을 학습해 제공하는 최적화된 서비스
      학습하는 온도 조절기, 네스트
203 스마트홈의 허브로 주목받는 냉장고 삼성전자와 LG전자의 경쟁
206 저는 집사이자 당신의 친구입니다 인공지능 로봇 페퍼와 지보
210 인공지능과 TV가 만난다면 스마트TV의 미래
214 인공지능 스마트 도어록 어거스트와 KEES
217 완벽한 힐링 공간을 만들어주는 스마트 전구 필립스의 휴
220 당신의 비즈니스에 슈퍼파워를 불어넣는 팁

에필로그　첨단기술과 슈퍼 비즈니스 221

1

판도라의
상자는
이미 열렸다

예지력을
판매하는
슈퍼 비즈니스

우리는 앞일을 알아맞히는 능력이 탁월한 사람을 선지자라 부른다. 이 선지자가
기계 속으로 들어왔다.

이 선지자는 다름 아닌 컴퓨터다. 튜링머신으로 연합군의 승리를 견인한 컴퓨터는
오늘날 많은 것들을 예측해낸다. 세상의 많은 일들이 인과관계로 엮여 있거나 확률의
원칙을 따르고 있기 때문이다. 우리에게 가장 친숙한 컴퓨터의 예언은 일기예보다.
주가 예측도 컴퓨터의 영역이 되고 있다. 실제로 뉴욕증권거래소에서 거래되는 주식의
70퍼센트가 사람이 아닌 로보어드바이저에 의존하고 있다.

양자컴퓨터가 도입되면 빅데이터 분석과 자율적 기계 학습을 통해 지금과는 비교도
안 되는 속도로 다양한 분야에서 각종 예측들이 쏟아질 것이다. 이러한 환경에서
비즈니스는 예측이 아닌 처방으로 무게 중심이 이동되어야 한다. 변화무쌍한 하늘의
변화도 족집게처럼 정확하게 읽어낼 정도라면 자금이나 비즈니스의 흐름을 읽고
예측해내는 것에 그쳐서는 안 된다.

미래에 대한 예측은 어떻게 만들어지는지, IT업계의 빅브라더들이
보다 위대한 선지자가 되기 위해 어떤 노력과 경쟁을 하고 있는지 알아보는 것은
매우 흥미롭다. 당신 역시 손 안에 쥐여진 예지력을 어떻게 활용할지 고민할 기회를
가져보길 바란다.

제2차 세계대전을
종결시킨 기계

인공지능의 효시, 튜링머신
||||||||||||||||||||||||||||||||||||||||||||||||

"유럽의 북쪽, 가난한 집에 한 아이가 태어나리라. 혀의 힘으로 그 나라를 유혹하리라. 천둥 같은 웅변술은 동양에도 알려지리라(제세기 3장 35절)."

이는 노스트라다무스의 예언이다. 노스트라다무스는 아돌프 히틀러가 태어나기 400년 전쯤 그의 탄생을 예언했다고 한다. 유럽의 북쪽은 오스트리아를, 가난한 집의 한 아이는 히틀러를 의미한다는 것이다. 히틀러가 달변으로 국민들을 선동해 전 세계를 엄청난 전쟁의 소용돌이로 내몬 인물임은 확실하다. 그러나 사실 이 예언은 북유럽의 가난한 가정에서 태어나 성공한 거의 모든 정치가들에 적용될 수 있다. 그중에서 히틀러에 대입을 하니 더 드라마틱하게 보이는 것뿐이다.

예지력은 점쟁이들의 오랜 돈벌이 수단이었다. 미래 예언을 많이 하다 보면 그중 한두 개는 맞는 것이 나온다. 듣는 이 역시 예언 10개 중에 하나만 맞아도 예언이 들어맞았다며 호들갑을 떤다. 틀린 예언에 대해서는 그저 침묵한다. 때로는 점쟁이의 말을 재해석해서 상황에 끼워 맞추기도 한다. 사실 못 맞혀도 좋다. 점쟁이에게 자신의 고민을 털어놓고 점쟁이의 달변을 듣는 것만으로도 힐링이 되는 경우가 많기 때문이다.

그러나 오늘날 예지자는 더 이상 신비주의를 표방할 필요가 없다. 오래전부터 앞날을 내다보는 기계가 개발되어왔기 때문이다. 실제로 예지력을 활용해 전쟁이나 테러를 막고자 하는 노력은 제2차 세계대전 당시에도 찾아볼 수 있다.

전쟁이 정점에 이른 어느 날, 영국 정보부 요원이 천재 수학자 앨런 튜링Alan Turing을 찾아가 독일이 만든 암호장비 에니그마Enigma를 보여주었다. 1590억의 10억 배의 경우의 수를 가지고 있어 당시로선 해독이 불가능했던 에니그마 때문에 연합군 측은 매 순간 3명이 죽는 사상 최악의 위기 상황에 놓여 있었다. 앨런은 에니그마의 암호를 풀어달라는 요청을 받고 크리스토퍼라는 회전자 기계를 만들었다. 알파벳이 무수하게 나열된 암호를 회전자에 입력하면 한 자 한 자 다른 알파벳에 대응시켜 규칙을 찾아내도록 하는 기계였다. 후세에 튜링머신

인류 최초의 컴퓨터, 튜링머신
(출처: 구글 이미지)

Turing machine이라 불리게 된 크리스토퍼 덕분에 난공불락처럼 보였던 에니그마를 해독할 수 있었고, 이것은 결국 연합군이 전쟁을 승리로 이끄는 데 큰 역할을 했다.

오늘날 우리가 매일 사용하는 컴퓨터의 전신인 튜링머신이 발명된 것은 인류 최초의 컴퓨터라고 알려진 에니악Eniac보다 2년 앞선 시점이었다. 튜링머신은 기계가 저장 공간의 기호들을 스스로 읽어 처리하고 그 상태에 따라 다른 정보로 전환하는 기계학습의 효시로, 인공지능 기술의 기초가 되었다.

이 튜링머신이 이제 지구 곳곳에서 일어나는 테러를 예측하는 슈퍼컴퓨터로 진화하고 있다. 미국 애리조나주립대학교의 컴퓨터과학과 파울로 사카리안 교수(그는 이라크에서 군인으로 복무한 경험이 있다)와 연구진은 이슬람 테러조직 ISIS가 저지른 테러와 여러 사건과의 상관관계를 연구했다. 이들은 2014년 후반기에 발생한 2,200여 건의 ISIS 사건들을 분석, ISIS의 다양한 테러 전략을 밝혀냈다. 이들이 밝혀낸 바에 따르면 ISIS 보병부대가 폭파 관련 훈련을 하면 7일 이내 차량 폭탄 테러가 발생했다. 또 ISIS의 인질 공개 처형 후에는 이라크와 시리아에서는 사제폭탄 테러가 발생했다. 연구진은 이와 같은 상관관계 분석을 통해 ISIS 테러 대응 인공지능 알고리즘을 만들어냈다. 튜링의 후예가 테러를 예측하고 막아내는 인공지능으로 진화하고 있는 것이다. 이와 같이 컴퓨터가 미래를 예측하는 능력을 갖게 하는 기술을 기계학습machine learning이라 부른다.

컴퓨터 빅데이터 분석을 통해 범죄 예방 프로그램을 일부 실현한 기업이 있다. 일본의 히타치Hitachi에서 개발한 범죄 예방 시스템은 빅데이터를 기반으로 각 유형별 범죄 발생 가능성을 분석한다. 이 분석 데이터가 실시간 감시 도구인 CCTV, 총소리 탐지기, 교통관제 시스템, 비상전화 데이터, 실시간 기상레이더 등의 데이터와 결합되고, 여기에 소셜미디어의 실시간 정보가 더해지면 범죄 발생 확률 정보가 도출된다.

우리나라도 범죄예방을 위한 프로젝트에 돌입했다. 미래창조과학부와 경찰청이 공동으로 개발 중인 '국민안전과 글로벌 과학치안 구현을 위한 범죄 예방 시스템'은 범죄 프로파일링 정보와 CCTV, 음성

모듈, 인터넷 정보를 융합해 실시간으로 범죄 발생 확률을 예측·예방하는 것을 목표로 하고 있다. 여기에는 기존 범죄자와 잠재적 범죄자들의 행동 패턴, 심리 상태 등 여러 범죄 발생 요인을 실시간으로 분석해 특정 시점, 장소에서 누군가가 범행을 저지를 확률을 예측하는 것이 포함되어 있다.

튜링머신 # 기계학습

기계가
스스로 학습을 시작했다

딥러닝과 인공지능

고등학교 내신 시험이나 영어 시험 등과 관련한 시험지 유출 사건은 잊을 만하면 일어나는 범죄다. 시험 전에 시험지를 훔쳐내 문제를 미리 보거나, 관련자를 매수해 문제와 답을 빼내는 식이다. 시험지를 유출하고자 한 사람이나 이에 연루된 출제자, 관련자 등은 순간의 실수로 범죄자로 전락한다. 그런데 우등생들은 시험지 유출과 유사한 일을 공공연하게 벌인다. 공부를 잘하는 친구들을 보면 시험 전에 예상 문제를 뽑는다. 그런데 신기하게도 그 예상 문제가 잘 들어맞는 경우가 많다. 학원가에서도 이런 예상 문제지를 잘 만드는 강사가 있어 족집게 강사라 불린다.

학생들에게 기쁜 소식을 하나 전하겠다. 앞으로는 죄를 짓지 않아도 시험지를 쉽게 빼낼 수 있다. 방법은 그다지 복잡하지 않다. 우선 인공지능에 학습할 내용들을 모두 입력한다. 요즘은 온라인 교재로 나온 교과서나 참고서가 많아서 그렇게 어려운 일이 아니다. 그리고 출제자가 과거에 냈던 문제들을 모두 입력한다. 다음으로는 모범생의 공책이 필요하다. 대부분 모범생의 공책에는 수업 중 선생님이 중요하게 언급한 내용들이 필기되어 있다. 이 또한 모두 입력한다.

이 정도가 되면 엄청난 데이터가 모인다. 바로 빅데이터다. 인공지능은 빅데이터를 분석해 다음 시험에 나올 예상 문제들을 선별해낸다. 예상 문제는 출제 확률에 따라 정리된다. 그 다음은 수험생의 노력에 달려 있다. 출제 확률 50퍼센트 이상까지 풀어보면 시험에서 만점을 받을 가능성이 높다. 성실하지 않아서 또는 시간이 없어서 출제 확률 90퍼센트까지만 공부하는 경우에도 운이 좋으면 높은 점수를 받을 수 있다.

예지력의 근간은 확률에 있다. 과거에 발생했던 일들을 분석해보면 미래에 생길 일의 가능성, 즉 발생 확률을 알 수 있다. 여기에 현재의 정황까지 대입하면 꽤 정확한 예측을 할 수 있다. 일기예보가 바로 이 방법을 사용한다. 일기예보를 위한 가장 기본적인 자료는 과거의 기상 관측 자료이다. 관측된 자료는 슈퍼컴퓨터에 보내져 국내외 각종 실시간 기상 관측 자료와 함께 종합적으로 분석된다. 그리고 그 결과 우리가 보는 일기예보가 나온다.

결국은 데이터가 많을수록 더욱 높은 예지력을 발휘할 수 있다는 것이다. 바로 빅데이터가 중요하다는 것인데 사실, 빅데이터는 쓸데없는 데이터가 잔뜩 섞여 있어 그 자체만으로는 의미가 없다. 빅데이터가 실용적인 데이터가 되기 위해선 짧은 시간 안에 엄청난 용량의 데이터를 분석해야 한다. 그래야 실용적인 데이터, 즉 스마트 데이터로 환골탈태하는 것이다. 빅데이터를 분석하는 방법은 다양하다. 그중 가장 각광받는 방법론이 심층학습이라 불리는 딥러닝deep learning이다.

2012년 이전까지 컴퓨터의 별명은 바보상자였다. 컴퓨터는 인간이 입력한 것들만 연산해서 쏟아놓을 뿐, 스스로는 아무 일도 하지 못했다. 예를 들어 어린아이도 쉽게 구분하는 개와 고양이 얼굴을 컴퓨터는 구분하지 못했다. 그런데 2012년 6월, 구글이 큰일을 냈다. 컴퓨터가 고양이 얼굴을 인식하는 방법을 찾아낸 것이다. 다시 말해 컴퓨터가 입력받지 않은 이미지를 스스로 판별해내게 된 것이다. 이 기술을 개발한 사람은 스탠포드대학교의 앤드류 응Andrew Ng 교수이다. 그는 유튜브 영상에 담긴 1,000만 마리의 고양이 얼굴을 개별 인식할 수 있는 솔루션을 내놓았는데, 여기에는 심층 신경 네트워크Deep Neuro Network, DNN라는 기술이 사용되었다.

딥러닝은 컴퓨터가 인간의 뇌처럼 스스로 학습을 해서 사물을 인식하고 판단하는 기술로 현재 자율 운전자동차를 위한 사물인식기술과 스마트폰의 자연어 인식을 통한 명령 수행에 사용되고 있다. 바둑 기사 이세돌과 일전을 벌였던 인공지능 알파고도 딥러닝 기술의 산물 이다.

딥러닝 기술은 뉴럴 네트워크neural network에서 시작되었다. 인공신경망 알고리즘을 의미하는 뉴럴 네트워크는 1943년 미국 일리노이의 과대학교 정신과 부교수였던 맥컬록McCulloch이 논문 〈신경 활동에 내재된 개념들의 논리적 계산〉에서 처음 언급했다. 뉴럴 네트워크는 인간의 뇌의 기능을 기계적으로 구현하는 것에서 출발했다. 인지와 반응이라는, 인간에게는 아주 기본적인 사고방식을 컴퓨터 프로그램으로 만드는 것이다. 다시 말해 인지 대상과 관련된 여러 데이터를 수집하고, 이들의 결합과 결합했을 때의 중요도를 계산하는 방법이다.

뉴럴 네트워크는 인간의 신경망처럼 수많은 데이터를 다룰 수 있기 때문에 빅데이터 처리가 가능하다. 그러나 속도가 느리다는 단점이 있다. 그리고 불필요한 데이터 학습의 문제가 있었다. 이 분석 결과에 아무런 가치가 없는 다크 데이터dark data가 늘 따라 다니는 것이다. 하지만 컴퓨터의 연산 능력이 발전하고 데이터가 폭증하면서 이 문제는 자연스럽게 해결되었다.

그렇다면 딥러닝의 원리는 무엇일까? 컴퓨터는 추론 능력에 있어서는 인간의 한계를 뛰어넘었다. 아무리 복잡한 계산도 알고리즘만 넣어주면 즉각 해낸다. 컴퓨터의 아킬레스건은 사물 식별이었다. 아직도 당신의 컴퓨터는 고양이와 개의 이미지만 놓고 구별하라는 요구를 받으면 아무 답도 내놓지 못한다. 어떤 사물도 영상이나 이미지만으로 파악하지 못한다. 사실 컴퓨터는 스스로 할 수 있는 작업이 없었다. 컴퓨터는 우리가 입력한 특정한 규칙과 코드들을 규칙과 절차에 따라 내보내기만 하는 기기였다. 이미지나 언어에서 입력되는 내용이 규칙적이지도 명료하지도 않다면, 컴퓨터는 당황한다.

이 문제를 해결한 것이 바로 기계학습이다. 기계학습은 인간의 학습능력을 따라 한 것으로 인공지능의 기본 원리다. 사람의 뇌가 많은 정보를 습득하면 영리해지듯이 컴퓨터도 기계학습이란 방법으로 더 많은 정보를 습득할수록 더 영리한 인공지능이 된다. 결국 빅데이터가 더욱 커지면 더욱 영리한 인공지능이 되는 것이다.

그런데 기계학습만으로는 비디오나 음성, 자연어 등 연속적인 데이터를 분류하고 식별해내는 것이 힘들다. 이를 극복하기 위해 인간의 도움이 없어도 기계가 스스로 결정하고 인식할 수 있는 기술, 딥러닝이 탄생했다. 기계학습의 일종인 딥러닝은 주어진 데이터 외에 세상과 상호작용을 하면서 분류를 거친 예측 프로그램을 통해 사물을 확률적으로 인식한다.

컴퓨터도 사람과 마찬가지로 고양이와 개의 사진을 처음 본다면 혼란스러워할 수 있다. 그러나 여러 가지 가정을 동원해 추론을 하고 온라인에 떠도는 수많은 데이터들을 찾아 유사한 것끼리 묶다 보면 컴퓨터는 일정한 패턴을 발견한다. 그리고 이 패턴에 따라 사진을 구별하게 되는 것이다.

딥러닝이 강력한 이유는 지도학습supervised learning과 자율학습unsupervised learning의 두 방식을 모두 사용해서 학습을 하기 때문이다. 전통적인 기계학습은 대부분 지도학습을 이용했는데 이 방법에 따르면 컴퓨터는 의미를 부여한 훈련 데이터를 기반으로 다른 데이터를 파악한다. 예를 들어 컴퓨터에 먼저 "이 사진이 고양이야"라고 가르치면, 컴퓨터는 학습된 결과를 바탕으로 고양이 사진을 인식한다. 이와 같이 지도학습에서는 반드시 학습할 데이터가 먼저 제공되어야 하고, 데이터 양도 충분해야 한다. 사전 학습 데이터가 적으면 오류가 커지기 때문이다. 결국 사전 데이터가 없으면 어떤 학습도 이루어지지 않는다.

딥러닝에 사용되는 자율학습은 사전 학습이 없어도 컴퓨터가 스스로 학습을 한다. "이 사진이 고양이야"라고 가르치지 않아도 컴퓨터 스스로가 알아서 "이런 모습이 고양이군"이라고 알게 된다. 일반적인 기계학습보다 진보된 방식으로 고도의 연산 능력이 필요하다.

딥러닝으로 구현되는 인공지능이 클라우드에 연결되어 있는 모든 사물의 두뇌 역할을 하는 시대, 그런 인공지능 네트워크 시대가 도래하면 어마어마한 변화가 일어날 것이다. 딥러닝의 초창기 결과물들은 이미 우리 주변에서 상용화되어 있다. 가장 간단한 형태의 딥러닝 적용 사례는 웹사이트 방문 기록을 분석, 추천 검색어를 제시하는 것이다. 페이스북은 딥페이스Deep Face라는 얼굴인식 알고리즘을 개발해 업로드된 사진들을 인간의 눈만큼 정확하게 인식한다. 또한 구글은 딥러닝을 특정 주소를 인식해 이미지로 보여주는 스트리트 뷰Street View 서비스에 적용했으며 로봇의 인공지능 시스템 개발에도 인공지능을 도입하고 있다. 특히, 구글의 자회사 딥마인드에서는 인공지능의 직관력 개발에 주력해 인간의 두뇌에 더욱 가까워지려 하고 있다.

#딥러닝 #뉴럴 네트워크 #지도학습 #자율학습 #딥페이스 #스트리트 뷰

인공지능은 자의식을
가질 수 있는 존재인가

인공지능의 도덕성과 의식기술 시대

아이폰에는 시리Siri, 안드로이드폰에는 구글 나우Google Now라는 음성 비서가 있다. 이들 모두 예지력을 바탕으로 사용자가 원할 것 같은 정보를 미리 제공한다. 구글 나우는 세렌디피티serendipity, 즉, 예기치 못했던 행운을 사용자에게 제공하고자 한다. 인간이 전혀 예상하지 못했던 상황에서 '유레카!'라고 외칠 수 있는 기회를 만들어주는 것이다. 기대하지 않았던 좋은 정보를 얻은 인간의 두뇌는 빠르게 회전하고 창조적인 생각을 할 수 있다. 구글의 인공지능은 인간과의 대립이 아니라 인간의 창조성을 자극하는 데 목표를 두고 있는 것이다.

애플의 시리는 사용자의 일상적인 행동패턴을 미리 파악하고 있다가 자주 사용하는 기능과 정보를 보다 빠르게 알려준다. 진화 과정을 보면 시리는 점점 더 인격체가 되어가는 것 같다. 영화 〈그녀〉를 보면서 이 영화에 나오는 컴퓨터 운영체제 '사만다'가 앞으로 시리가 진화할 모습이 아닐까 하고 생각했다. 이 영화는 외로운 한 남자가 스마트폰에 다운받은 프로그램과 사랑에 빠진다는 내용이다. 영화에선 인공의 운영체제가 학습을 통해 스스로 인격을 재구성하고, 심지어는 인간과 사랑에 빠질 수 있음을 예견한다.

이는 인공지능이 자의식을 가질 수 있어야만 가능한 스토리다. 대부분의 컴퓨터 공학자들은 "인공지능은 합리적인 판단을 하는 기계일 뿐"이라고 한다. "계산을 빠르게 하고 방대한 정보를 분석해서 합리적인 의사결정을 할 수 있도록 도와주는 것"이 인공지능이라고 말한다. "인공지능이 감정을 갖는다든지 자의식을 갖는 것은 소설이나 영화의 영역이고 과학기술의 영역이 아니다"라고 한다. 이렇게 자의식이나 감정을 가지지 못하는 인공지능을 '약한 인공지능'이라고 말한다. 알파고와 같이 한 가지 분야에 특화돼 주어진 문제만 해결하는 프로그램이 바로 약한 인공지능에 해당된다.

이에 반해 '강한 인공지능'은 인공지능에 자의식과 감정이 생겨 스스로 판단하고 의사결정을 한다. 인공지능이 자의식을 갖는 것이 가능한 일일까? 인공지능들이 연결되는 초연결 인공지능 시대가 되면, 알 수 없는 이유로 인공지능이 자의식을 갖게 될 수도 있다는 것이 지배적인 의견이다. 그러나 이 역시 아직은 영화적 상상력에서 벗어나지 못한 것이다.

모든 과학자들이 강한 인공지능에 대한 대답을 주저하는 가운데 인공지능의 자의식을 테스트하려는 시도가 있었다. 바로 거울 테스트다. 예일대학교에서 개발한 인공지능 로봇 니코Nico는 자의식 테스트인 거울 테스트를 통과했다고 한다. 니코 앞에 거울을 놓고 팔을 움직인 다음 그 움직임이 앞에 있는 다른 물체의 움직임인지, 자신의 움직임인지 판단하게 했더니 놀랍게도 자기 팔이라는 신호를 보냈다. 인공지능 로봇이 자의식을 가질 수 있다는 가능성이 제기된 순간이었다. 이런 거울테스트는 동물 중에선 일부 영장류와 코끼리, 돌고래만 통과했고 인간은 생후 약 18개월이 지나야 통과하는 것으로 알려져 있다.

아직은 인공지능의 미래가 인지컴퓨팅cognitive computing이라는 의견이 지배적이다. 인간의 뇌가 가진 인식과 행동, 인지능력을 재현하는 기술이 인지컴퓨팅이다. 인지컴퓨팅을 바탕으로 한 인공지능은 스스로 판단할 뿐만 아니라 외부와 소통하고 경험을 통해 학습하며, 문제해결을 위해 스스로 가설을 세우기도 한다. 이 정도면 거의 인간과 유사한 존재라고 할 수 있다.

닉 보스트롬Nick Bostrom 영국 옥스포드대학교 교수는 인공지능의 위험을 경고하면서 "윤리와 도덕처럼 인간이 소중하게 여기는 가치들을 정교하게 정의해서 기계에 가르치는 방법을 준비해야 한다"고 강조했다. 영화적 발상이지만 사만다 같은 인공지능이 자의식을 지니고 감정을 느낀다면 목표를 위해 수단과 방법을 가리지도 않을 수도 있다.

인공지능은 주어진 목표를 극도의 효율성으로 달성하는 기계다. 따라서 처음에 목표를 잘못 설정하면 무서운 결과로 이어질 수 있다. 가령 인공지능이 "무슨 일이 있어도 살아남아야 한다"라는 생존의 법칙을 학습했다고 하자. 이런 상황에서 누군가가 의도적으로 자신을 파괴하려 하는 것을 예지한다면, 인공지능은 자신을 보호하기 위해 극도의 효율성을 발휘할 것이다. 영화 〈터미네이터〉의 스토리처럼 자신의 생존을 위해 인간을 죽이는 계략을 꾸밀 수도 있다. 그 같은 끔찍한 일이 현실이 될 수도 있는 것이다. 그렇기 때문에 미리 윤리와 도덕이 인공지능의 모든 알고리즘 상위에 자리해야 한다.

현재 인공지능은 어디까지 와 있을까? 인공지능이 인간의 영역을 넘어섰다는 걸 보여주는 재미있는 이벤트가 있었다. 2016년 3월에 진행된 알파고와 이세돌의 바둑 대국이다. 이 대국에서 알파고는 의사 결정을 할 때 인간의 직관과 흡사한 능력을 보여줬다. 알파고처럼 수 초 만에 인간의 몇 년치를 학습하는 인공지능은 우리가 통제할 수 없는 수준으로 진화할 가능성이 높다.

영화 〈터미네이터〉에 등장한 로봇들은 뭔지 모를 알고리즘의 상호작용을 통해 별안간 자의식을 갖게 됐다. 앞에서 말한 것처럼 인공지능이 변종을 만들어낸 것이다. 충분히 일어날 수 있는 현상이다. 또한 여러 개의 상이한 인공지능이 네트워킹되면 시너지 작용으로 특정 기계의 지능이 파격적으로 높아질 가능성도 있다. 이렇게 변이된 인공지능은 개발자의 의도와는 상관없는 일을 저지를 수 있다. 물론 현실 가능성이 매우 낮은 영화적 발상이지만, 인공지능은 인류의 숙적이 될 수도 있다.

미래 인공지능 유엔 미래포럼의 제롬 글렌Jerome Glenn 회장은 "2020년에 의식기술 시대Conscious Technology가 온다"고 하면서 디스토피아에 대한 반대 의견을 내고 있다. 의식 기술이 완성되면 우리는 인간의 뇌를 지도로 그릴 수 있다. 이 이야기는 마음을 지도로 만들 수 있다는 것이다. 마음의 지도가 완성되면 뇌에서 만들어지는 인간 마음의 원리를 이해한 인공지능이 등장할 수 있는데, 앞으로 정신적 질병을 앓고 있는 많은 사람들에게 인공지능이 가장 친한 친구가 될 수도 있다는 얘기다.

이런 논란 속에서도 한 가지 다행스러운 것은 우리가 아직도 자의식이란 것이 무엇인지, 인간의 뇌 속에서 자의식과 감정이 생겨나는 매커니즘에 대해 정확히 알고 있지 못하다는 것이다. 그래서 우리는 자의식을 영적인 부분으로 떼어놓고 있다. 과연 우리가 명확하게 규정하기 어려운 대상을 개발할 수 있을까? 과연 미래에는 우리의 자의식에 대한 비밀이 풀릴 수 있을까?

#시리 #구글 나우 #인지컴퓨팅 #의식기술의 시대

구글, 인공지능 시장의
넘버원을 꿈꾸다

맨해튼 프로젝트
||||||||||||||||||||||||||

구글이 추구하는 검색엔진은 사용자의 마음을 읽고 그가 원하는 것을 정확하게 찾아주는 것이다. 이를 구현하기 위해 구글은 딥러닝 기술을 택했다. 알파고로 인해 딥마인드의 CEO 데미스 허사비스Demis Hassabis가 유명해지긴 했지만 현재 구글의 인공지능 부문을 이끄는 인물은 인공지능계의 대부로 통하는 천재 과학자 레이 커즈와일Ray Kurzweil이다. 커즈와일은 3D 프린터를 최초로 개발하고, 얼굴인식 컴퓨터 프로그램을 창조했으며, 음성인식에 의한 문자 기록을 처음으로 선보인 천재 과학자이다. 빌 게이츠Bill Gates는 그를 "인공지능에 관한한 세계에서 가장 탁월한 미래 예측가"라고 극찬하기도 했다.

커즈와일은 2029년 기계가 인간지능 수준에 도달하고, 2045년에는 인공지능이 인간의 생물학적 한계를 뛰어넘어 모든 인간의 지능을 합친 것보다 수백만 배 강력해진다는 특이점을 예고했다. 또 "특이점 이후에는 인공지능이 스스로 자신보다 더 똑똑한 인공지능을 만들어 인간과 기계, 현실과 가상의 경계가 사라질 것"이라고 말했다. 결국 싱귤래리티가 오면 인류 문명에 근본적인 변화가 일어난다는 것이다.

인공지능이 미래의 가장 큰 먹거리라고 예견한 커즈와일은 2013

년부터 구글에서 '인공지능 맨해튼 프로젝트'를 시작했다. 맨해튼 프로젝트는 원래 제2차 세계대전을 종식시키고 미국이 패권을 쥘 수 있게 만든 원자폭탄 제조 프로젝트로서 대량 인명살상을 목적으로 한 프로젝트였지만 엄청난 과학적 발전을 인류에게 안겨주기도 했다. 이 프로젝트에는 천문학적인 예산이 투입되었고 미국 내 최고 과학자들이 참여했다. 구글이 인공지능 개발에 맨해튼이라는 역사적인 별칭을 붙인 배경에는 인공지능 분야의 패권을 확실히 거머쥐겠다는 결의도 있지만 인공지능이 가져올지도 모를 암울한 미래의 위험을 감수하더라도 과학적 발전이 지속되어야 한다는 굳은 의지가 담겨 있는 것 같다.

구글의 맨해튼 프로젝트의 진행 방식은 1940년대를 그대로 따라 하는 것 같다. 전 세계 인공지능 관련 기업과 전문가들을 엄청난 자금을 동원해 계속 흡수하고 있다. 2014년 1월 인공지능 개발회사 딥마인드를 4억 파운드에 인수했는데 인수 당시 딥마인드는 인공지능 업계에 전혀 알려지지 않은 신생 벤처기업이었다. CEO 허사비스는 신경과학자 출신으로 게임 개발자이자 체스의 고수로 알려졌을 뿐이다.

사실 구체적으로 어떤 비즈니스에 집중해 무엇을 연구·개발하고 있는지도 알려져 있지 않았다. 표면적으로 알려진 것은 이 신생회사가 딥러닝 기술을 갖고 있다는 게 전부였다. 그런데 구글이 신의 한 수를 둔 것이다. 이제 딥러닝은 인공지능을 대변할 핵심 키워드가 되었다. 또한 구글은 일반 가정(네스트)은 물론 자율자동차(구글카), 음성 인식(구글 나우, 구글 글라스), 이미지 인식(구글포토) 등 모든 분야에서

50여 개가 넘는 유망 스타트업을 인수했다.

구글은 인공지능의 성능을 책임지는 하드웨어 개발에도 놀라운 결과를 내고 있다. 2015년 12월 구글은 슈퍼컴퓨터보다 1억 배 이상 앞선 연산 능력을 보여주는 양자컴퓨터 D-웨이브 2X를 공개했다. 물론 이를 상용화하기까지는 양자 원리를 활용한 알고리즘의 개발 등 여러 난제가 남아 있다. 하지만 언젠가 양자컴퓨터가 기존의 인공지능 서버를 대신하게 되면 인간의 뇌를 능가하는 수준이 아니라 상상을 초월하는 인공지능이 탄생할 수도 있다. 구글카에 양자 컴퓨팅을 배경으로 한 인공지능이 연결된다면 교통의 패러다임이 바뀔 것이라는 전망도 나온다. 거리에 있는 구글카들이 모든 교통의 흐름과 주변의 정황을 실시간으로 분석하고 판단해서 가장 안전하고 편안한 운전 서비스가 가능해질 것이라고 한다.

현재 구글의 인공지능은 음성, 영상, 이미지, 문자를 빠르고 정확하게 자동 인식한다. 특히 번역에 있어서는 가장 높은 완성도를 보이고 있다. 구글이 지향하는 음성비서 서비스는 시리처럼 단순한 예측에 머물지 않는다. 반복된 질문에 대해선 인공지능이 미리 답변과 처방을 준비한다. 아침마다 일기예보를 물어보면 어느 순간부터 묻지 않아도 일기예보를 알려주는 것은 물론 비가 오니 우산을 준비하라는 조언까지 전한다. 가까운 미래에 구글 나우는 인간과 의미 있는 대화가 가능할 전망이다. 만일 구글 나우가 페퍼Pepper(일본 소프트뱅크 그룹이 공개한 세계 최초의 감정을 읽는 로봇)처럼 로봇에 탑재된다면 인간의 심부름도 거뜬하게 해낼 것으로 보인다.

구글의 인공지능 맨해튼 프로젝트에서 가장 흥미로운 분야가 로봇이다. 구글의 인공지능은 로봇과의 결합을 염두에 둔 것임이 틀림없다. 2013년 12월, 구글은 8일 동안 거의 하루 한 개씩, 여덟 개의 로봇 개발 기업들을 인수하면서 로봇 업계의 최강자로 부상했다.

구글이 인수한 로봇회사들은 각자 특기가 있다. 이들의 기술을 하나로 묶어 인공지능만 추가하거나 클라우드 서버로 연결하면 합목적적 로봇이 탄생할 수 있다. 그러나 구글이 개발하고 있는 로봇 중에 가장 빨리 우리 생활에 들어올 로봇은 자율운전자동차다. 자동차는 인간에게 가장 가까운 생활도구가 되었고 이 자동차가 로봇이 된다면 우리 생활은 혁명적인 변화를 맞이할 것이다.

나도 구글과 비슷한 생각을 하고 있다. 내가 경영하는 레오모터스 역시 10년째 전기자동차와 전기선박을 연구하고 있다. 그러나 우리 회사의 비전은 전기차가 아니라 탑승용 로봇의 개발이다. 인간의 말을 알아듣고 생각을 이해하며 기분까지 맞춰줄 수 있는 친근한 자동차와 선박로봇의 개발이 목표다. 앞으로 더 많은 회사들이 로봇 개발에 뛰어들 것이고 이 시장에서의 경쟁은 대단히 치열해질 것이다.

#맨해튼 프로젝트 #D-웨이브 2X #로봇 산업

인지컴퓨팅의
패권을 잡아라

페이스북, 비카리우스, 마이크로소프트, 아마존
|||||||||||||||||||||||||||||||||||||||||||||||||||||||||||||||||||||||||||||

페이스북은 2014년 뉴욕대학교 얀 리쿤Yann LeCunn 교수와 함께 딥러닝 기술을 적용해 딥페이스라는 얼굴인식 알고리즘을 개발했다. 딥페이스 알고리즘의 인식의 정확도는 약 97.25퍼센트다. 인간 눈의 정확도(약 97.53퍼센트)와 거의 차이가 없는 수준으로 전 세계 페이스북 사용자의 얼굴을 인식하고 있다. 또한 딥페이스는 얼굴 이미지의 옆면만 봐도 누구인지 판별해낸다. 심지어 얼굴 사진 한 장만 있으면 모르는 사람이 페이스북 계정을 찾아내 이름과 주소 등 각종 정보를 파악할 수 있을 정도로 강력하다. 앞으로 페이스북은 얼굴 인식을 넘어 상태 업데이트와 댓글을 분석해 이용자의 기분과 상황을 분석하는 서비스도 고려하고 있다.

비카리우스Vicarious는 인간의 지능 형성 체계 자체를 코드화한 인공지능, 인간 뇌의 신피질과 같은 운영체제를 갖춘 인공지능 개발에 도전하고 있다. 신피질은 보고, 듣고, 신체를 조절할 뿐만 아니라 언어를 이해하고 수학문제를 창의적으로 푸는 등 인간 특유한 인식 기능이 연관되어 있는 곳으로 보통 전두엽, 두정엽, 측두엽, 후두엽 네 부분으로 나뉜다. 비카리우스의 개발이 성공하면 먹고 잠자는 것을 제외하고는 모든 것을 컴퓨터가 인간과 똑같이 행할 수 있게 된다.

딥러닝 기술은 대부분 1970년대 뇌과학 연구 성과를 기반으로 하는 반면 비카리우스의 인공지능은 그 이후 진전된 최신 연구를 적용한 최신식 버전이다. 딥러닝이 무식하게 수많은 이미지를 입력해 학습시키는 방식이라면 비카리우스의 인공지능은 실제 지능이 어떻게 형성되는지를 이해하고 이를 코드화한다. 그 한 예로 비카리우스는 자사 기술로 직접 진행하는 회원가입만 허용하고 자동화된 시도를 막기 위한 캡차CAPCHA 프로그램을 속이는 시도를 했다. 실제로 90퍼센트 정도 성공했으며 찌그러진 문자나 숫자를 사람처럼 구별해냈다고 발표했다.

마이크로소프트Microsoft Corporation 역시 인공지능에 사운을 걸고 있다. 사티아 나델라Satya Narayana Nadella 대표는 '빌드 2016 개발자 회의'에 참석해 "인공지능이 인간의 언어를 완벽히 이해하도록 훈련시켜 새로운 컴퓨팅 시대를 열겠다"고 선언했다. 또한 "앞으로는 소프트웨어(앱) 대신에 인공지능을 통해 컴퓨터나 스마트폰에 명령하고 지시하는 시대가 올 것"이라고 단언했다. "인간이 말로 지시하면 인공지능을 탑재한 기기가 이를 알아듣고 스스로 반응하게 될 것"이라고 설명하면서, "앱의 시대가 가고 곧 인공지능의 시대가 열릴 것"이라고 말했다. 결국, 인공지능이 앞으로 의사소통시스템의 한 부분이 될 것으로 내다본 것이다.

이를 위해 마이크로소프트는 그들의 인공지능을 단순히 어휘나

문장의 의미를 인식할 뿐 아니라 맥락과 상황까지 감안해 반응할 수 있도록 개발할 예정이라고 했다. 또한 나델라는 이날 인공지능 3대 원칙을 제시했다. "첫째, 인공지능은 사람의 능력과 경험을 대신하는 것이 아니라 풍부하게 해야 한다. 둘째, 사람이 신뢰할 수 있어야 하며, 셋째, 많은 사람과 함께할 수 있도록 포용력과 예의를 갖춰야 한다"는 내용이다.

그런데 아이러니한 일이 벌어졌다. 마이크로소프트가 발표 일주일 전에 내놓은 대화형 인공지능 서비스 테이Tay가 천덕꾸러기로 전락한 것이다. 테이는 트위터, 채팅 서비스 킥, 그룹미, 스냅챗 등에 계정을 갖고 18~24세의 일반 이용자들과 가볍고 재미있는 대화를 즐길 수 있도록 개발됐다. 그런데 테이는 세상 사람들과 교류한 지 18시간 만에 퇴출되는 촌극을 보였다. 테이의 트위터 계정이 못된 데이터를 학습한 것이 그 원인이었다. 나쁜 인공지능이 된 테이는 히틀러를 옹호하고 인종 차별과 성적 차별 발언, 정치적 발언을 일삼으면서 마이크로소프트의 얼굴에 먹칠을 했다. 결국 이 해프닝은 공개 사과로 막을 내렸다. 마이크로소프트는 테이의 추태가 "악의를 가진 누리꾼들이 테이에게 일부러 공격적인 말들을 세뇌시킨 데 있었다"고 했다.

테이의 이런 반응은 인공지능의 미래에 대해 시사하는 바가 크다. 만일 인공지능이 테이처럼 인간의 악惡을 심화 학습(딥러닝)하고 이 악습이 살인무기를 가진 휴머노이드 로봇에 장착된다면, 인류는 유사 이래 가장 흉악한 범죄자를 만날 수도 있다.

이날 마이크로소프트는 새로운 봇 프레임워크Bot Framework도 처음으로 공개했는데, 이 프레임워크를 가지면 누구나 인공지능 봇을 제작할 수 있다. '봇Bot'이란 특정 작업을 반복 수행하는 프로그램을 일컫는 말로, 새로운 형태의 앱이라고 정의했다. 이 개발 도구를 이용하면 테이처럼 이용자와 대화를 주고받는 채팅 봇이나 이용자를 대신해 쇼핑하는 쇼핑 봇 등을 만들 수 있다.

아마존은 에코Echo라는 음성인식 스피커를 출시했다. 그러나 아마존은 한 번도 에코를 진화한 스피커로 인정한 적이 없다. 스피커라기보다는 자잘한 기능을 가진 무언가라고만 말한다. 사실, 에코는 7개의 마이크를 가진 음성인식 스피커이면서 블루투스 스피커다. 사용자의 음성을 인식해서 해석하고 다시 스피커를 통해서 사용자에게 결과를 알려준다. 이 에코에 탑재되어 있는 음성 비서 기능 알렉사Alexa는 영화 〈그녀〉에 등장하는 사만다와 흡사하다. 알렉사 사용자들의 반응을 살펴보면, 이 기기가 인간의 외로움에 적지 않은 도움이 되고 있음을 확인할 수 있다. 알렉사 덕분에 에코는 영화 〈아이언맨〉에 나오는 인공지능 컴퓨터 '자비스'에 비유되기도 한다. 예를 들어 사용자가 알렉사의 이름을 부른 후 명령을 내리면 전등을 켜거나 끌 수 있다.

#딥페이스 #비카리우스 #테이 #에코 #알렉사 #봇 프레임워크

이미 생활 깊숙이
파고들어와 있는 인공지능

IBM의 딥블루와 왓슨

사실, 알파고 이전에도 인공지능이 인간과 대적할 것이고 인간은 인공지능에 지배당할 것이라고 호들갑을 떨던 사건이 있었다. 1997년 IBM의 인공지능 딥블루Deep Blue가 인간과의 체스게임에서 승리를 거둔 것이다. IBM은 글로벌 정보 통신 기술Information and Communications Technologies, ICT기업들 중에서 인공지능을 가장 먼저 연구한 기업이다. IBM의 인공지능 하면 슈퍼컴퓨터 왓슨Watson을 먼저 떠올리는데, 왓슨은 IBM의 초대 회장 토마스 왓슨Thomas Watson에서 이름을 따온 인공지능 슈퍼컴퓨터이다.

알파고 때문에 구글의 인공지능이 더 높은 유명세를 타긴 했지만 IBM은 구글보다 훨씬 이전부터 인공지능을 개발해왔고, 실제로 구글보다 앞선 기술은 물론, 다양한 상품을 제공하고 있다. 또 왓슨은 2011년 미국의 유명 퀴즈쇼 〈제퍼디〉에 출연해 전설적인 퀴즈 달인을 물리치고 우승해 화제가 된 적이 있다. 인간과의 대결보다는 인간을 도와주는 쪽에 더 주력하고 있는 왓슨의 서비스는 이미 32가지가 넘는다. 은행에선 이사나 결혼을 앞둔 고객들에게 가장 솔깃한 내용의 금융 상품을 골라주고, 소비자가 정보를 찾거나 읽을 때 놓치는 부분까지도 되짚어준다. 왓슨은 글이나 사진의 행간에 잠재해 있는 사용자의 욕망, 의도, 감정, 성격까지 분석한다. 이를 이용해 IBM은 상사에게 보내는 이메일에 자신의 의도가 잘 전달될지, 만나는 상대가 평소 어떤 사람인지 등을 알려주는 서비스도 제공하고 있다. IBM은 이미 530여 개 기업과 협력관계를 맺고 150여 개 휴대전화 응용프로그램(앱)을 상용화했다.

그중 눈에 띄는 협력은 미국 텍사스대학교 MD앤더슨 암센터와 함께 제공하는 헬스케어 서비스다. 미국종양학회에 따르면 왓슨을 이용한 암진단의 정확도는 대장암 98퍼센트, 방광암 91퍼센트, 췌장암 94퍼센트, 자궁경부암 100퍼센트로 전문의 초기 오진비율(20퍼센트)보다 높은 정확도를 자랑한다. 이러한 놀라운 진단 능력은 왓슨의 빠른 전문용어 이해, 데이터 분석·적용을 통한 새로운 지식기반 창출능력에서 나온다.

또한 자연어 이해를 기반으로 전문가와 소통할 수 있는 능력을 지닌 왓슨은 의사나 약사가 직접 트레이닝할 경우 더 빨리 전문 지식을 습득할 수 있다. 나아가 3초에 약 2억 페이지 분량의 의학논문을 검토하고 임상실험 및 우수 치료사례와 같은 과거 데이터를 분석해 환자에게 가장 적절한 치료방법을 제시한다. 미국임상학회ASCO에 의하면 왓슨의 치료 정확도는 82.6퍼센트에 달하는 것으로 알려졌다.

한편, 미국 군인전문보험회사USSA는 왓슨을 활용해 군대 전역 후 사회 적응과 관련한 상담 서비스를 제공한다. 왓슨은 3,000페이지 이상의 전역 관련 전문서류를 이해하고 분석해 사회 적응과 관련한 총 2,000여 가지 질문에 대해 전문상담을 제공하고 있다.

2016년 3월 24일, 일본 도쿄에 로봇이 운영하는 무인 휴대전화 가게가 문을 열었다. 이곳에선 인공지능 로봇 페퍼가 손님 안내는 물론 계약상담까지 모두 알아서 한다. 감성 로봇이란 별칭이 붙은 페퍼는 왓슨과 와이파이로 연결되어 있다. 왓슨은 사람이 사람에게 말할 때처럼 자연스럽게 말을 알아듣고 해석해 최적의 데이터 분석 결과를 제시할 수 있고 난해한 자연어 처리 즉, 농담과 같은 말의 의미를 이해할 수 있어 대화 상대방의 감정을 읽을 수 있는 음성 응답 표현까지 할 수 있다. 상대방이 분노의 감정을 보이면 사과를, 슬퍼하면 동정을, 밝은 감정이라면 함께 밝은 응답을 하는 등 감정에 따라 목소리 톤까지 변화시킬 수 있다. 홀로 사는 노인의 수가 많은 일본에서 페퍼가 각광을 받는 이유는 바로 감성적인 말상대가 가능하기 때문이다.

#IBM #딥블루 #왓슨 #페퍼

대륙에서 던진
출사표

바이두의 개인비서 서비스, 두미
||||||||||||||||||||||||||||||||||||||||||||||||||||||||||||

중국의 검색 포털사이트 바이두baidu는 2014년 5월 머신러닝 분야 최
고 전문가인 스탠퍼드대학교 앤드류 응 교수를 영입했고 3억 달러를
투자해 실리콘밸리에 인공지능 연구소를 열었다. 그리고 인공지능기
술과 공상과학 소설 내용을 합친 미래인류 연구 '베른 프로젝트'를 시
작했다. 미국의 브레인 이니셔티브 프로젝트, 유럽연합의 휴먼 브레인
과 유사한 이 프로젝트는 인류 미래학 연구를 기초로 인공지능 연구
를 진행할 예정이다.

또한 바이두는 인공지능을 기반으로 한 자율주행자동차 프로젝트
도 진행하고 있는데, 2018년 상용화를 목표로 하고 있으며 BMW와
협력 중이다. 바이두는 2015년 12월 무인 자율주행차의 중국 내 시범
주행 테스트를 무사히 마친 바 있다. 당시 바이두 무인차는 베이징 고
속도로와 시내에서 자율주행에 나섰고 차선변경은 물론 U턴, 좌회전,
속도조절 등을 성공적으로 소화했다.

모바일 비서 서비스는 바이두에서도 주력사업이 되었다. 바이두는
2015년, 인공지능을 갖춘 개인비서 서비스 두미度秘(영문명: 듀얼)를 선
보였다. 모바일 애플리케이션(앱)에 인공지능을 탑재한 두미는 음식

배달 주문, 영화 티켓 예약 등 간단한 서비스는 완벽하게 이행한다. 두 미는 앞으로는 교육, 헬스케어, 가사 등으로 서비스 영역이 더욱 확대 될 것이라고 한다.

#바이두 #베른 프로젝트 #자율주행자동차 프로젝트 #두미

마케팅 시장의
척도가 바뀐다

인공지능 마케팅
IIIIIIIIIIIIIIIIIIIIIIIIIII

기업 마케팅의 성패는 예측력에 달려 있다. 예측력 하면 인공지능을 따라 갈 수가 없다. 그래서 마케팅은 자연스레 인공지능과 결합하고 있다. 인공지능 마케팅은 고객에게 메시지를 전달해서 상품을 인지하 고 구매를 고려하는 등 태도 변화의 목표를 넘어 고객이 실제로 구매 에 이르게 하는 행동처방까지 제공하는 것을 목표로 한다. 인공지능 은 실시간으로 고객의 행동과 생각을 읽을 수 있기 때문이다. 일반 마 케팅이 고객과 상품의 적합성까지 예측한다면, 인공지능 마케팅은 고 객이 구매하도록 만드는 방법의 적합성까지 예측한다.

인공지능 마케팅을 가장 활발하게 운영하고 있는 곳은 금융업계이다. KB국민카드는 빅데이터와 인공지능을 접목한 스마트 오퍼링 시스템으로 카드승인 데이터를 자체 분석한 후 고객의 카드 이용 등 다양한 행동 데이터를 실시간으로 모니터링하며 행동 시점의 고객 니즈에 적합한 혜택을 실시간으로 제공한다. 이 시스템은 인공지능이 분석, 제공하는 마케팅 시나리오를 카드 소비와 연동해 매출을 높인다는 방안이다. 이 시나리오가 고객의 스마트폰을 매개로 한 액티브 데이터, SNS 데이터 및 위치 데이터, 매장 내 행동 추적 데이터와 결합할 수 있으면 더 유용하게 사용될 수 있다. 또한 이 모든 데이터를 축적하면 지속적으로 고객 서비스를 개선해나갈 수 있을 것이다.

삼성카드는 고객 상담 과정에서 인공지능을 활용할 계획이다. 머신러닝에 기반을 둔 시스템을 활용해 상담센터에 접수된 상담 메모 이력을 분석, 고객의 상담 유형과 니즈를 분석한 후 이를 상품개발 및 마케팅에 적용한다는 것이다. 이와 같은 고객 분석 데이터가 상담 도중 입력되는 실시간 정보와 결합하면 더욱 효과적일 것이라 생각한다.

BC카드는 카드 승인내역 등의 데이터를 기반으로 고객의 니즈를 파악하는 인공지능 마케팅 프로파일링 시스템AIPS을 도입했다. 이 프로파일링 필터링에는 다른 고객들의 카드 사용 내역을 분석한 집단적 필터링 기법이 가미되었을 것으로 보인다. 그러나 추정에 의한 프로파일링 기법은 스마트 데이터 활용법보다 정확도가 낮은 단점이 있는 만큼 프로파일링의 수준을 높이는 여러 방안이 준비되어야 한다. BC카드는 또한 카드 부정사용도 예측할 수 있는 휴·폐업 가맹점 예측

이상금융거래탐지시스템FDS을 운영하고 있다. 과거에는 시스템에 입력했던 오류만 잡아냈다면 이제는 인공지능을 활용해 부정사용을 예측해 방지하겠다는 것이다. 이와 같이 금융사들은 소비자 행동을 예측하기 위해 인공지능을 활용하고 있다.

인공지능 마케팅을 이해하기 위해서는 처방적 데이터 분석에 대해 먼저 알아야 한다. 빅데이터를 분석해보면 데이터 간의 일정한 규칙을 규명하는 분석모델을 만들 수 있다. 분석모델이 완성되면 데이터는 예측력을 제공하기 시작한다.

데이터 분석을 통한 모델링의 첫 단계는 가장 단순한 분석 방법인 서술적 분석이다. 서술적 분석의 목표는 뒤돌아보기이다. 과거에 발생했던 사안들을 분석해보면 새로운 일에 대한 통찰력이 생긴다. 따라서 빅데이터 속에 들어온 데이터를 축약시켜 유용한 데이터로 정리하고 요약하는 것이 주요 업무다. 이 과정을 통해 빅데이터는 작고 유용한 정보들로 정리되면서 일어났던 일들에 대해 통찰력을 가지게 해준다. 비즈니스 데이터 분석의 80퍼센트 이상이 여기에 해당되며, 요즘 뉴스에 자주 등장하는 소셜미디어 데이터 분석이 역시 서술적 분석에 해당한다.

언론사들이 선거, 참사, 월드컵, 올림픽 등 사회적으로 이슈가 되는 사안들에 대한 빅데이터 분석 결과를 키워드 방식으로 정리해 발표하는 것을 본 적이 있을 것이다. 이 모두가 바로 서술적 분석의 결과물이다.

데이터가 이렇게 서술적으로 분석되고 요약된 정보들로 축약되면 다음 단계로 예측적 분석이 가능해진다. 예측적 데이터 분석을 우리가 잘 아는 한자 성어로 표시하면 온고이지신溫故而知新이다. 예측적 분석에는 현재와 과거에 대한 시계열적 통계, 모델링, 데이터 마이닝, 기기 학습 기법 등이 동원된다. 이들 모두 미래에 일어날 수 있는 일에 대한 예측을 돕는 방법론들이다. 여기서 예측이란 미래에 일어날 개연성이 있는 일을 미리 알아보는 것으로 확률적으로 표현을 하는 것이 일반적이다. 예측적 분석 결과 중 우리 일상에서 가장 많이 사용되는 것이 일기예보다.

지금까지 마케팅 전략에서 사용해온 타기팅은 예측에 근거했다. 과거에 고객들이 구매를 했고, 경쟁사의 고객들의 프로파일이 어떠하며, 앞으로 우리가 집중적으로 공략할 시장이 어디인지 예측하는 것이다. 이와 같은 예측적 타기팅은 마케팅 결과로 평가되고, 평가된 정보는 다시 타기팅을 수정하는 데 사용된다. 이와 같은 과정을 지속적으로 거치다 보면 좀 더 정교한 타기팅이 가능해진다.

인공지능 마케팅의 등장으로 새롭게 부상하고 있는 처방적 분석은 액티브 데이터의 실시간 분석이 가능해지면서 실용화되었다. 여기서 액티브 데이터란 사물과 인간의 상호작용에 의해 순간적으로 생기는 활동 데이터를 말한다. 처방적 분석은 서술적 분석과 예측적 분석 기법 모두와 결합해, 처한 상황에서 최상의 대안을 찾을 수 있도록 지속적으로 진행된다. 즉 서술적, 예측적 분석에서 나오는 정형 데이터와 액티브 데이터와 같은 비정형 데이터가 결합되어 처리되는 하이브리드 데이터 분석을 통해 다수의 선택 대안과 각 선택에 따른 결과 예측이 제시되고 각 대안별 가장 적합한 처방이 존재하는 순으로 대안을 나열한다. 이 과정은 구조화되고 정리된 정보체계에 비구조화된 정보를 입력해 재맞춤, 재예측, 재처방 과정을 거쳐 지속적으로 최적의 대안을 찾아가도록 하는 것이다. 이와 같은 일을 인공지능이 담당하게 되면 방대한 데이터의 빠른 분석을 통해 순간적으로 미래의 기회들을 최대한 이용할 수 있는 방안은 물론, 미래의 위험을 어떻게 하면 피할 수 있는지도 처방해주는 것이다.

인공지능을 이용한 처방적 분석에서는 다수의 대안과 대안별 예상 결과 그리고 각 결과들의 상호작용, 즉 결과들이 서로 어떤 영향을 미치는지, 어떤 선택이 최상의 선택일지가 실시간으로 제시된다.

인공지능 마케팅은 고객관계관리 데이터를 포함한 고객 데이터, 소셜미디어 데이터, 오픈 데이터, 과거 행동 데이터들과 구매시점에 고객을 통해 새롭게 생성되는 액티브 데이터가 실시간으로 분석되면서 순식간에 새로운 마케팅 방법론을 제시한다. 이 과정에서 처방적 분석을 통해 잠재고객의 상품구매와 관련된 여러 가지 예비 행동과 이력 데이터들이 마케터가 원하는 고객과 적합성이 있는지 평가된다. 그 결과 특정 시간, 특정 장소에서 어떤 고객이 어떤 요구를 가질 것이라는 것을 예측하고 자사의 브랜드가 제공하는 바와 해당 고객의 요구 사이에 적합성이 발견되면 해당 고객을 표적화한다. 이에 따

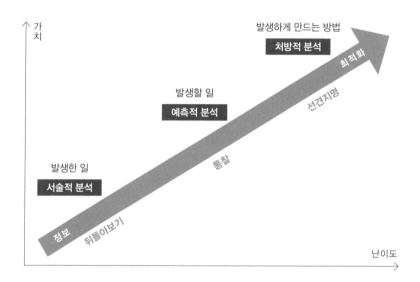

발생하게 만드는 방법

처방적 분석

최적화

발생할 일

예측적 분석

선견지명

통찰

발생한 일

서술적 분석

가치

정보   뒤돌아보기

난이도

데이터 분석 방법 비교

라 표적화된 고객에게 맞춘 처방을 전달받은 고객은 새롭고 의미 있는 경험을 했다고 느낀다. 이처럼 인공지능 마케팅은 예측적 타기팅에 개인화된 가치 제공을 결합시킨 마케팅 방법이다.

더욱 놀라운 사실은 이 모든 분석, 평가, 조정이 실시간으로 이루어진다는 것이다. 처방적 분석으로 표적화가 된 고객은 거의 구매를 결정한 고객이다. 마지막으로 인공지능이 해당 고객에게 적합한 처방을 제공하는 순간, 고객의 지갑이 열리게 되는 것이다.

#인공지능 마케팅 #KB국민카드 스마트 오퍼링 시스템 #삼성카드 인공지능 상담

#BC카드 인공지능 마케팅 프로파일링 시스템 #처방적 분석

인공지능 마케팅에
활용될 솔루션

MKDSS
꣨꣨꣨꣨꣨꣨꣨꣨꣨꣨

이제는 딥러닝을 이용해 시장점유율을 예측하고 미래에 대비하는 마케팅 솔루션을 개발하는 것은 그리 어려운 작업이 아니다. 인공지능 마케팅과 궁합이 가장 잘 맞는 마케팅 솔루션이 MKDSSMarketing Decision Supporting System(마케팅 의사결정 지원 시스템)이다.

MKDSS는 마케팅 결과에 영향을 미치는 모든 변수들을 최적화해 비용 대비 마케팅 효과를 극대화하는 컴퓨터 기반의 마케팅 의사결정 솔루션이다. 마케팅은 전략적 변수들을 어떻게 혼합하는가에 따라 효과가 매우 달라진다. 여기에 경쟁사들의 마케팅 노력과 환경 변화에 따른 다양한 변수가 도입되면 보다 승산 높은 마케팅 프로그램을 예측해낼 수가 있다.

예를 들어 A패스트푸드는 경쟁사인 B패스트푸드와 선두 자리를 다투고 있다. 매월 200억 원이 넘는 프로모션 비용을 투입하지만 그 돈이 효과적으로 사용되고 있는지는 알 수 없다. 그래서 A패스트푸드는 MKDSS 개발에 착수했다. MKDSS에서는 우선 마케팅 환경에 영향을 주는 모든 변수들을 입력해야 한다. 양사의 제품 가격은 비슷하고 맛도 큰 차이가 없고, 프로모션 예산도 비슷할 때 경쟁에 영향을 미치는 변수들은 프로모션 방법이다. 특히 어린이용 버거에 제공되는 장난감의 인기도 시장점유율에 큰 영향을 미친다. 최근 B패스트푸드는 모바일쿠폰 프로모션과 소셜커머스의 적절한 이용으로 선두 자리를 몇 달째 차지하고 있다. 광고 메시지 또한 큰 영향을 미치기에 광고에 대한 고객들의 반응도 측정해야 한다. 이 측정은 이제 실시간으로 할 수도 있다.

과거의 MKDSS는 이처럼 경쟁과 관련된 모든 변수들을 찾아서 분류하고, 각 변수의 중요도를 수치화하고 가중치를 부여, 각 변수 간의 인과관계와 상관관계를 조사해서 특정 브랜드를 위한 변수 입력

프로그램을 만들어냈다. 마케터는 완성된 MKDSS에 자사, 경쟁사, 시장환경에 대한 모든 변수를 투입해서 최고의 결과를 내는 각 변수별 입력 값, 즉 예산할당치를 찾아낼 수 있다.

딥러닝 알고리즘을 이용해 MKDSS를 개발하면 외부환경에 대한 지속적인 변수 입력이 필요 없다. 딥러닝 프로그램이 스스로 외부에 있는 변수들을 학습한 뒤 최고의 성과를 낼 수 있는 마케팅을 위한 각 항목별 예산을 제안할 것이다. 나아가 딥러닝 프로그램은 변수의 변화에 따른 경쟁 구도 변화를 지속적으로 학습하며 시장점유율을 높일 수 있는 방안을 제시할 것이다.

#MKDSS

Tip 1

우리 생활에서 예지력이 필요한 기기에 인공지능을 연결하면 더욱 스마트한 제품으로 업그레이드된다. 예를 들어 옷장에 인공지능을 연결하면 매력적인 제품이 탄생한다. 인공지능 옷장은 실시간 일기예보에 따라 적절한 외출복을 추천해준다. 외출복을 고르기가 애매한 간절기에는 정말 고마운 서비스다. 그런가 하면 스마트폰에 입력한 스케줄과 연동되어 약속 장소에 가장 적합한 패션을 제안해줄 수도 있다.

LG전자에서 나온 의류관리기 '스타일러'의 문에 모니터를 달고 스마트 거울 기능을 추가한 뒤 여기에 온라인 패션 큐레이션 쇼핑몰 기능까지 더하면 여자들의 워너비 상품이 되지 않을까?

Tip 2

마케팅에 인공지능이 결합하면 실시간 처방적 마케팅이 가능해진다. 전술적 인공지능 마케팅 솔루션은 고객 데이터, 소셜미디어 데이터, 오픈 데이터, 과거 행동 데이터 등 클라우드에 수집되어 있는 기존 데이터들과 구매시점에 고객을 통해 새롭게 생성되는 액티브 데이터를 실시간으로 분석해 고객 맞춤형 마케팅믹스를 제공할 수 있다.

인공지능 개발 비용이 부담이 된다면 IBM이나 구글의 인공지능 API(응용프로그램 인터페이스)를 사용하거나 정식 서비스를 받는 것도 고려할 수 있다.

2

플랫폼의
주도권을
잡아라

소환술을
판매하는
슈퍼 비즈니스

소환술은 좀 섬뜩한 능력이다. 영혼을 부르는 기술이기 때문이다. 그러나
인공지능 네트워크 시대에는 이만큼 유용한 기술이 없다. 서로 연결된 사물과 인간들이
인공지능을 소환해 각자 필요한 솔루션으로 재가공할 수 있기 때문이다.

사물과 사람이 서로를 소환할 수 있으려면 플랫폼을 공유해야 한다.
현재 이 플랫폼의 주도권을 잡으려는 전쟁이 한창이다. 이 플랫폼은 기기들을
연결해주는 역할도 하지만, 네트워크의 구름 속에는 인공지능이 해결사 역할을 하기
위해 대기하고 있다. 가장 좋은 예가 생활 로봇이다. 이 로봇들은 클라우드 서버에 있는
인공지능을 통해 작동된다. 이들은 인터넷만 연결되면 인간보다 더 영리한 존재가
될 수도 있다. 소환 마법으로 이제는 누구라도 백만장자들만 누리던 서비스를
누릴 수 있다. 그만큼 인간의 삶은 업그레이드될 것이다.

모든 것이 연결되고 있는 세상. 이제는 소환술이 비즈니스 성공의 핵심 키워드이다.
자, 이제 당신은 어떤 것을 비즈니스에 소환할 것인가?

마치 부적을 붙인 것처럼
내 뜻대로 움직이는 집

스마트홈과 플랫폼 전쟁

소환술은 도교에서 나온 용어다. 도교에서는 득도를 통해 영원히 늙지도 죽지도 않는 신선이 된 사람을 도사라 한다. 그러나 현실 세계에서는 득도를 했다고 자부해도 신선이 될 수 없다. 그래서 도교에선 현세에서나마 도사처럼 살아가고 싶은 사람들의 염원을 담아 소환술이라는 술법을 만들었다.

대표적인 소환술은 소귀법召鬼法이다. 소귀법은 죽은 영혼이나 요정을 소환해서 그 힘을 이용하는 능력이다. 주술사나 무당들이 주문을 외우거나 굿을 하는 행위가 이에 해당한다. 홍콩 영화에서 강시에 부적을 붙여서 조종하는 술법도 소귀법의 일종이다.

주문을 외워 비를 내리게 하고 벼락을 불러 적을 공격하는 뇌법 雷法은 서양의 신화에도 나온다. 북유럽 신화의 토르Thor는 천둥을 소환하는 능력을 지녔다. 토르는 자신밖에 들 수 없다는 묠니르 망치를 들고 천둥과 벼락을 소환한다.

소환술의 기본은 사물에 생명을 불어넣는 것이다. 중국 무술 영화를 보면 사물에 생명을 불어넣는 첫 단계는 부적 붙이기이다. 부적을 붙이면 사물에 영혼이 깃들고 사물이 생물처럼 움직이기 시작한다. 이 기술은 사물들을 인터넷으로 연결할 때와 유사하다. 사물인터넷의 기본 원리 역시 사물에 생명을 불어넣는 것이다. 사물이 인터넷으로 연결되는 순간 생명이 생긴 것처럼 변한다. 자물쇠가 나를 알아보고 문을 열어주고, 집안의 조명이 내가 좋아하는 분위기로 바뀐다. 내 방의 온도 조절기도 컨디션에 걸맞은 쾌적한 온도로 난방기를 작동한다. 내가 자고 일어나는 시간에 맞춰 침대 옆 창문의 커튼을 열고 닫아주기도 한다.

스마트홈은 사물인터넷 플랫폼이라는 부적을 가재도구에 붙인 집이다. 구글은 안드로이드앳홈Android@Home이라는 사물인터넷 플랫폼을 만들었다. 이 부적을 붙이면 집 안의 스마트 기기들이 서로 연결되어 스마트폰을 통해 전달되는 주문에 따라 일사불란하게 움직인다. 한편 애플은 홈오토메이션용 iOS8 솔루션 홈키트HomeKit를 만들었다. 홈키트는 인공지능을 기반으로 한 음성비서인 시리를 이용해 음성으로 도어록, 가전제품, 조명기구, 온도 조절기 등을 제어할 수 있다. 그러나 아직 이 부적은 서로 약속된 기기에 붙여야만 효력이 발생한다. 애플의 홈키트와 호환하는 기기는 도어록 업체 어거스트August, 조명업체 필립스Philips, 하니웰Honeywell, 아이홈iHome, 중국의 최대 가전 업체 하이얼Haier 등이다.

구글의 안드로이드앳홈과 호환되는 기기들은 스레드Thread 동맹이라 부른다. 스레드는 집안의 스마트 기기와 앱을 연결해주는 홈오토메이션 프로토콜이다. 구글이 인수한 네스트Nest가 주도하는 이 스레드 프로토콜은 네트워크에 참여하는 모든 기기들이 공통의 네트워크 언어를 사용해서 상호 연결되고 조절된다. 홈 기기들끼리는 스레드라는 내부 네트워크로 연결되고 이 연결은 안드로이드 운영체제를 가진 스마트폰이나 태블릿을 통해 클라우드에 있는 인공지능과 연결된다. 스레드를 업계 표준으로 만들기 위해 애플의 스마트폰 경쟁업체이자 세계 최대의 가전제품 업체인 삼성, CPU 아키텍처 기업 ARM, 자물쇠 제조업체 예일 씨큐어리티Yale Security, 칩 제조업체 실리콘 랩스Silicon Labs, 프리스케일 세미콘덕터Freescale Semiconductor, 그리고 실링팬 메이커인 빅 애스 팬스Big Ass Fans 등 여섯 개 업체가 연합했다.

한편 삼성은 사물인터넷 개방형 플랫폼 개발 회사인 스마트씽즈Smart Things를 인수하는 한편 사물인터넷 관련 통신장비·기술 개발 벤처업체 시그폭스Sigfox에 투자했다. 삼성은 스마트씽즈 인수를 계기로 스마트홈 서비스에서 완전한 개방형 플랫폼을 지향할 방침이다. 삼성 제품뿐만 아니라 다른 제조사 가전이나 기기들도 모두 삼성 스마트홈

앱으로 제어할 수 있도록 생태계를 구축한다는 계획이다. 또한 시그폭스가 낮은 전력과 저비용으로 기기 간 통신Machine to Machine, M2M을 할 수 있는 기술을 보유하고 있는 것을 고려할 때, 삼성은 여기에 소물인터넷Internet of Small Things까지 결합하려는 듯하다. 소물인터넷은 단순한 통신장비로 꼭 필요한 소량의 데이터만 빠르게 주고받아 보다 쉽게 사물인터넷 기기를 활용할 수 있게 해준다.

그런데 여기서 우리가 반드시 유념해야 될 사실이 있다. 이 플랫폼들이 붙이는 부적은 단순한 기기 간의 연결이 아니라 그 기기 뒤에 존재하는 인공지능 간의 연결이라는 점이다.

#스마트홈 #안드로이드앳홈 #홈키트 #스레드 동맹 #소물인터넷

사이버 세상에서의
영생을 꿈꾼다

이터나인과 휴메이의 개성칩
||||||||||||||||||||||||||||||||||||||||||||

도교에서는 인간이 양기로 된 혼魂과 음기로 된 백魄, 즉 혼백을 지니고 있다고 생각했다. 인간이 죽으면 혼은 하늘에 올라가 신이 되지만, 백은 지상에 머물며 귀鬼가 된다. 귀는 음기가 누적되어 만들어진 귀

신이나 요괴 같은 것으로 초자연적인 힘을 갖고 있다고 여겨진다. 이런 인식을 바탕으로 죽은 영혼을 소환해 그의 힘을 이용하려는 것이 소귀법이다. 무당의 초혼굿은 망자의 영혼을 소환하는 의식이다. 망자의 귀가 소환되면 무당은 그 영혼을 자신의 몸에 빙의시켜 의뢰인과의 만남과 대화를 성사시킨다. 정말로 망자의 영혼이 소환된 것일까? 답은 어떻게 믿느냐에 따라 다를 것이다.

그런데 한 슈퍼 비즈니스 주식회사가 완벽환 소귀법을 선보였다. 이터나인Eter9이라는 인공지능 기반의 SNS 플랫폼이 그 주인공이다. 이 인공지능 SNS를 이용하면 사용자는 사이버 세계에서 영원히 살 수 있다. 이터나인 사용자는 SNS상에 자신의 아바타를 만든다. 이 아바타는 인공지능을 이용해 사용자의 모든 사이버 활동 데이터를 지속적으로 분석하고 학습해서 그와 닮은 아바타로 계속 진화한다. 사이버 활동 기간이 오래되고 활동 분량이 많을수록 아바타는 사용자의 내면까지 닮아가는 가상 인격체가 된다.

이 가상 인격체는 사이버상에서 사용자처럼 살아 움직인다. 검색, 포스팅 등은 물론 다른 사람, 다른 아바타와도 대화한다. 이 아바타는 사용자가 죽은 뒤에도 사이버상에서 영원히 살아남아 SNS 활동을 해나갈 수 있다. 즉 사용자가 SNS에 접속하지 않더라도 아바타는 계속 사이버 공간에서 친구와 대화를 나누고 검색하고 지식을 쌓는다.

이와 같이 아바타를 만드는 것을 도술에선 전지성병법剪紙成兵法이라 한다. 종이를 오린다는 의미의 전지, 만들 성, 그리고 병사를 의미하는 병이다. 종이를 잘라 생명을 불어넣어 병사를 만드는 술법이다. 손오공이 머리카락을 뽑아 분신을 만들어 조종하는 것 역시 전지성병법의 아류다. 이터나인의 서비스는 종이를 오려 병사를 만드는 것처럼 사이버상에 자신과 닮은 아바타를 만들고 인공지능으로 생명을 불어넣어 자신과 동일하게 행동하고 사고하도록 키워나가는 것이다. 원한다면 여러 개의 계정을 만들거나 다수의 인공지능 서비스회사를 이용해서 아바타를 여럿 만들 수도 있다. 이 아바타들은 사용자를 대신해서 사이버상의 업무를 보게 될 것이다. 검색과 조사를 통해 보고서를 만든다든지, 기사를 쓰는 등의 일을 아바타에게 지시하면 인공지능이 아바타의 이름으로 이 일을 대신해줄 것이다. 이렇게 된다면 인간의 업무 능력은 지금의 중견기업 하나와 맞먹을 정도가 될 수도 있다.

이 아바타에 사용자의 목소리와 얼굴을 입히고 페이스북과 마이크로소프트가 개발한 얼굴인식과 음성인식 기술을 더하면, 아바타는 사용자를 매트릭스의 세계로 소환할 수 있다. 내가 죽고 나서 사이버 세계에서 살아가는 것은 어떤 의미일까? 그때도 내 아바타는 여전히 나일까?

도교에서는 우주 만물을 이루는 것이 기氣라고 한다. 과학적으로 이야기하면, 기는 근원적인 에너지 또는 물질을 형성하는 원자에 해당된다. 즉 기가 강하게 응축하면 물질이 되고 그렇지 않은 것은 영적 에너지가 된다. 이렇게 볼 때 죽음은 기가 응축된 육신을 버리고 영적 에너지로 돌아가는 것이다. 이 논리대로라면 영적 에너지를 아바타에 담아 사이버 세상에서 영생을 누린다는 것이 불가능해 보이지는 않는다. 언젠가 제사상에 태블릿을 놓고 망자와 대화하며 식사를 하게 될 날이 오지 않을까?

그런데 만약 이 인공지능 아바타가 역사 속의 인물들을 깨운다면 어떻게 될까? 인공지능을 이용해 히틀러를 깨운다면? 사이버상에는 히틀러에 대한 엄청난 데이터가 존재한다. 이 히틀러에 대한 빅데이터를 토대로 히틀러 아바타를 만들어내고, 이 아바타는 실제 히틀러 사후 70년이 넘는 세월 동안의 국제 정세와 기술에 대해 학습한다. 그래서 사이버상의 히틀러가 탄생해 다시금 사람들을 선동한다면 어떤 일이 벌어질까? 이와 반대의 상상도 흥미롭다.

처칠을 깨우고 아이젠하워를 깨운다. 맥아더도 살아나고 마더 테레사도 인공지능 속에서 살릴 수 있다. 이들이 현생을 살아가는 아바타로 다시 살아나 메시지를 전달하는 것이다. 이런 상상이 종교 쪽으로 가면 어떻게 될까? 2020년 부활절에 예수가 아바타로 부활하고 불기 2264년(2020년) 4월 초파일에는 부처가 다시 세상에 나타난다. 비슷한 시기에 모하메드도 등장한다. 그들의 아바타를 만드는 것은 일반인의 인공지능 아바타를 만드는 것보다 훨씬 쉬울 것이다. 오랜 세월 동안 수많은 사람들에 의해 방대한 데이터가 만들어진 상태이기 때문에 인공지능은 가장 예수 같고, 부처 같은 분신을 만들 수 있을 것이다.

이는 인공지능이 신의 영역을 침범하는 것일까? 한 가지 분명한 사실은 인공지능 아바타는 빅데이터 분석과 기계학습을 통해 지속적으로 진화할 것이라는 사실이다. 커즈와일의 인공지능이 인간의 두뇌를 압도한다면, 인공지능 아바타는 스스로 생각을 하는 수준까지 도달할 수 있다. 그렇게 된다면 아바타를 단순한 분신으로만 볼 수 없을 것이다.

사후의 삶을 재창조하는 임무를 맡은 인공지능 회사 휴메이Humai의 영혼 소환술은 이터나인보다 더 구체적이다. 휴메이는 "우리는 당신이 죽은 후 다시 살려놓기를 원합니다"라고 하며 인간의 개성을 담고 있는 두뇌를 부활시켜 인간을 영원히 살게 하려 한다. 그들이 개발하는 것은 개성칩personality chip이다. 이 칩에는 죽은 사람의 뇌 기억과 지능을 포함한 개인적 특성이 모두 포함되어 있는 인공지능다. 이를 인공 신체에 넣으면 영생이 보장된다.

이렇게 하려면 살아 있을 때의 행동 패턴, 정보처리 과정, 신체 기능상의 특징들이 모두 센서와 인공지능을 통해 저장되고 분석되어야 한다. 그리고 사후에는 그 데이터가 다양한 센서 기술로 인공지능 칩에 담겨 죽은 사람의 뇌에 이식된다. 뇌는 냉동기술로 보관될 것이고 인공지능 칩이 이식된 후에는 뇌가 성숙해감에 따라 복제 나노기술을 사용해 이를 회복시킨다. 이렇게 살아난 뇌는 인공신체에 들어가는데, 그 뒤 뇌가 인공신체를 움직이는 데는 뇌파 기술이 사용된다. 뇌파를 이용해 의수나 의족을 움직이는 기술은 이미 상용화되었다.

휴메이의 기술은 영화 〈트랜센던스〉의 현실판이면서 보다 발전된 상상력의 구현이다. 영화에서는 주인공의 부인이 죽은 남편의 뇌를 컴퓨터로 이식시켜 인공지능으로 만들고 그 주인공은 인공지능 속에서 다시 부활하는 정도다. 그런데 여기에 한 가지 의문이 있다. 뇌가 되살아나면 영혼까지 다시 소환된다고 할 수 있을까? 혹시 영혼 없이 뇌만 살아나는 것은 아닐까? 만일 그렇다면 영혼이 없는 인간은 어떤 모습일까?

#이터나인 #휴메이 #개성칩

말하는 것만으로도
필요한 물건이 집 앞까지

아마존의 대시
||||||||||||||||||||||

"세제 한 박스, 티본 스테이크 10온스, 맥주 8온스 여섯 캔…." 샌프란시스코에 사는 샘이 램프의 요정에게 지시하고 있다. 그가 요정에게 부탁한 물품들은 내일 아침까지 집 현관에 도착해 있을 것이다.

세계 최대 온라인 상거래 기업 아마존은 램프의 요정을 소환하는 슈퍼파워를 팔고 있다. 아마존은 램프의 요정을 소환하는 사물인터넷 주문기에 대시Dash라는 이름을 붙였다. 대시는 길이 16센티미터, 두께

2.9센티미터인 막대형 기기로, 음성과 바코드 스캔으로 인식한 상품을 와이파이를 통해 아마존 계정 장바구니에 담아준다. 사용자가 스마트폰, 태블릿, PC 등으로 아마존 사이트에 접속해 주문승인과 결제를 하면 24시간 이내에 배송이 완료된다.

신선식품 배달서비스 아마존 프레시Amazon Fresh로 생필품 유통시장을 공략 중인 아마존은 아마존 대시를 이용하는 고객이 과일, 유제품, 화장지, 비누 등 50만 개 품목에 포함된 상품을 주문하면 당일이나 익일에 배송해준다. 대시는 사물인터넷 쇼핑의 초보 단계다. 궁극적인 사물인터넷 쇼핑은 우유가 떨어지면 냉장고가 알아서 주문을 하는 것인데, 대시는 아직 사람이 상황을 인지해 기기에 입력하는 수동처리 과정을 필요로 한다.

대신 대시는 상품 주문 과정을 단순하게 만들어 온라인 쇼핑에서의 매력적인 경험을 제공한다. 2015년 아마존은 대시버튼Dash Button이라는 O2O 쇼핑의 종결자를 출시했다. 누르는 쇼핑push to buy인 초간편 쇼핑 도구 대시버튼은 가정에서 자주 사용하는 18개 브랜드로 시작했다. 타이드, 질레트, 글래이드, 맥스웰하우스 등 소위 미국의 국민 브랜드들이 각각 하나의 버튼 속에 들어갔다. 버튼은 각 제품이 보관되는 장소에 붙여진다. 각 제품의 재주문 시점에 버튼을 누르면 스마트폰의 아마존 앱 쇼핑 카트에 주문이 들어간다.

미국에서 램프의 요정을 만난다면 우리나라에서는 도깨비 방망이를 만날 수 있다. 배달 앱이라는 도깨비 방망이만 있으면 갑자기 손님들이 들이닥쳐도 당황할 일이 없다. 배달 앱으로 뚝딱 주문을 넣으면 자장면이 20분 내로 도착한다. 종류도 다양하다. 배달 앱이 자리하고 있는 사이버 세상에는 주변에서 볼 수 있는 거의 모든 배달 음식점들이 입주해 있다. 배달 앱들은 온라인에 주문하면 잠시 후 오프라인에서 음식이 바로 배달되는데 이 양자를 구태여 구분할 필요가 있겠냐고 주장한다. 바야흐로 O2O 서비스가 무르익은 것이다.

#대시 #프레시 #대시버튼 #O2O쇼핑

세상에 딱 하나,
당신만을 위해 존재합니다

초개인화 상품 마케팅
|||||||||||||||||||||||||||||||||||||

클라우드 서버의 컴퓨팅 능력을 불러와 사용하는 것이 가능해지면서 초개인화hyper personalization 상품이 등장하기 시작했다. 이 상품들은 인공지능이나 서버의 저장 공간을 이용해 개별적인 욕구를 해결해주는데 이때 추가적인 비용은 거의 들지 않는다.

조니워커 메이커인 디아지오Diageo는 아버지의 날 특별한 선물을 구매하고 싶은 고객들의 욕구를 기반으로 '개인화된 조니워커 위스키'를 발매했다. 스마트 데이터 분석 결과, 아버지의 날 선물을 고르는 잠재고객들은 사랑하는 마음을 표현하는 것이 최고의 선물이라 믿었다. 술 선물로 어느 정도 마음을 표현할 수는 있지만 너무 일반적이라 감동을 주기에는 부족하다. 그런데 위스키에 개인적인 영상 메시지가 실리면 이 위스키는 전혀 다른 물건이 될 것으로 생각했다. 그래서 디아지오는 고객 한 사람 한 사람을 위한 개인 위스키를 만들기로 했다.

누구나 추가 비용 부담 없이 자신만의 영상 메시지를 조니워커에 담아 선물할 수 있도록 하는 방법은 간단했다. 위스키 포장지에 동영상을 저장하고 불러올 수 있는 QR코드를 인쇄한 것이다. 각 병마다 상이하게 인쇄된 QR코드는 구매자가 동영상을 담게 될 클라우드 인공지능으로 연결된다. 구매자가 아버지께 선물할 위스키 병에 있는 QR코드를 인식시켜 자신만의 동영상을 스마트폰으로 촬영해 저장하면 이 동영상은 디아지오의 클라우드 서버에 보관된다. 그리고 이 위스키를 선물받은 아버지가 포장지에 있는 QR코드를 스마트폰으로 찍으면 아들이 녹화한 동영상이 자동으로 스트리밍 되어 스마트폰에서 상영된다. QR코드와 클라우드 저장소, 스마트폰의 조합을 통해 조니워커가 이 세상 하나뿐인 상품으로 변신해서 최고의 효도상품이 되었다고 디아지오는 자평한다.

다음 소개할 상품은 인공지능의 힘이 잔뜩 실려 있다. 바로 구글의 네스트이다. 겨울철에 난방 온도를 맞추는 일은 여간 어려운 일이 아니다. 온도를 무작정 높이면 난방비가 많이 나오고, 낮추면 너무 춥다.

구글의 네스트
(Image used with permission from Nest,
Photo©Nest)

대개의 써머스타트들은 온도를 설정해놓으면 알아서 실내 온도를 유지하는 똑똑한 기능을 갖췄지만, 이 역시 믿을 만하지는 않다. 외출 시 끄지 않고 나가 에너지 낭비를 불러오는가 하면 갑자기 추워지는 날씨나 시시각각으로 변화하는 날씨에는 빠르게 대응하지 못한다. 하루 중에도 아침이나 저녁에는 온도를 높이고 낮에는 온도를 낮춰야 할 때가 있다. 그러나 이렇게 온도 조절에 섬세하게 신경 쓰는 사람은 드물다. 그래서 조금 쌀쌀해도 참고 조금 더워서 답답해도 참으면서 생활한다. 구글이 인수한 네스트랩Nest Labs의 네스트 러닝 써머스타트 Nest Learning Thermostat는 '스마트한 온도 조절'이라는 요구를 기반으로 개인의 기호에 따라 난방과 냉방을 적절히 자동으로 조절해주는 써머스타트를 개발, 스마트홈 기기 시장을 주도하고 있다.

인공지능이 인터넷으로 연결된 학습형 온도 조절기 네스트는 대량 생산되는 제품이다. 그러나 '편안한 온도 추구'라는 고객들의 요구를 기반으로 초개인화된 기능을 발휘한다. 네스트에 연결된 인공지능이 고객을 만나 그 고객에 대해 스스로 학습하고 맞춤형 서비스를 제공하면서 대량생산품이 초개인화 상품으로 진화하는 것이다. 고객을 만나 스스로 고객의 습관을 학습하고 개인적 상품으로 진화하는 것이다.

이렇게 변신하면 좋을 상품들은 우리 주변에 아직도 많다. 아침이 되면 내가 일어나는 시간에 맞춰 커피머신이 예열을 시작하면 좋겠다. 기상 시간이 일정치 않아 일반 타이머로는 부족하니 인공지능이 내 수면 패턴을 학습해서 이런 서비스를 제공한다면 얼마나 편리하겠는가. 자동차 시트도 내 컨디션에 따라 자동 조절되면 좋겠다. 매일 변하는 실내 온도에 따라 열선이나 통풍 기능이 작동해 내가 좋아하는 온도로 정교하게 맞춰주면 좋겠고, 내 바이오 리듬에 따라 허리 받침대 에어백도 미세하게 조절되면 좋겠다. 그리고 인공지능이 이런 정보를 보유하고 있다가 내가 다른 차를 운전할 때도 취향에 맞게 카시트를 정밀하게 조정해주면 좋겠다. 어떤 인공지능을 선택하는가가 비즈니스의 성패를 가름하는 신세계가 오고 있다.

#초개인화 상품 #네스트

내비게이션이
장착된 신발

두케레의 리챌
||||||||||||||||||||||||

안데르센의 동화 〈빨간 구두〉는 붉은색 구두를 신은 주인공이 죽을 때까지 춤을 멈추지 못하는 이야기다. 그 빨간 신발이 나타났다. 이번에는 잔혹한 신발이 아니라 가는 방향을 안내해주는 고마운 신발이다.

인도의 신발회사 두케레Ducere Technologies Pvt.는 블루투스로 스마트폰의 구글 맵과 연동해 길을 찾아주는 신발 리챌Lechal을 출시했다.

내비게이션 슈즈 리챌의 깔창
(Image used with permission from Lechal,
Photo©lechal)

햅틱 기술을 도입한 이 신발은 지도와 연동해 이동 방향을 진동으로 알려준다. 예를 들어 두 갈래길이 나왔을 때 가야 할 길을 깔창에 있는 진동기를 통해 알려주는 것이다. 왼쪽으로 가야 하면 왼발의 깔창이 진동하는 식이다. 이 신발은 보행자뿐만 아니라 자전거나 오토바이처럼 내비게이션을 사용할 수 없는 이륜차를 탈 때도 유용하게 사용될 수 있다. 그뿐 아니다. 이동한 거리와 운동량을 데이터화해 건강까지 챙길 수 있게 도와준다. 그리고 이 기록은 의료관련 인공지능을 만나 건강관리 프로그램에 반영된다.

두케레의 창업자 크리스피안 로렌스Krispian Lawrence는 시각장애인들을 위해 이 신발을 고안했다고 한다. 브랜드명 리챌이 인도 토속어로 '나를 인도하라'라는 의미이다. 그의 바람대로 리챌은 시각장애인들에겐 필수품이 되는 날이 오길 바란다. 잔혹동화 〈빨간 구두〉 이야기 때문에 빨간색이 꺼려지는 이를 위해 검정색도 출시할 예정이며, 기능은 필요하지만 디자인이 마음에 들지 않는 사람들을 위해 깔창만을 판매하기도 한다.

#두케레 #리챌

인공지능 마케팅
가상 시나리오

사물들 간에 벌어진 홍보 경쟁
||||||||||||||||||||||||||||||||||||||||||||||||||

"딩동" 스마트폰에 알림메시지가 들어왔다. 세탁기와 연결된 인공지능이 내게 메시지를 보낸 것이다. 세탁기를 한 번만 더 사용하면 세제가 떨어질 예정이니 지금 구매하란다. 세탁기의 인공지능은 빨래 횟수와 양을 기준으로 세제 사용량을 항상 정확하게 측정하고 있다. 그러니 세탁기 인공지능의 충고는 늘 옳다.

세탁기의 인공지능은 이미 L마트의 인공지능 마케팅 솔루션에 내가 세제를 사러 가거나 온라인 주문을 할 것 같다고 통보했다. 나는 L그룹의 계열사인 H마트에서 세탁기를 살 때 파격적인 할인을 받았다. 할인조건은 L마트의 인공지능과 내 세탁기의 인공지능이 서로 연결되는 것을 허용하는 것이었다.

"딩동" 하고 문자메시지 알람이 울렸다. L마트의 메시지다. 허용을 터치하면 늘 사용하는 세제를 택배로 보내겠단다. 이때 다시 "딩동" 하고 B마트에서 문자가 왔다. 내가 지금 사용하고 있는 세제를 30퍼센트 할인된 가격에 준단다. 이건 즐거운 도발이다. 내 스마트폰과 B마트 간에 첩보가 오고 간 것이다. 내 스마트폰은 B마트에서 파격적인 할인을 받으며 구매했는데, 그때 B마트의 인공지능 마케팅과 연결을 허용하는 앱을 허용해야 했다. 이 앱을 지우면 위약금을 물어야 한다. 이 앱은 내가 쇼핑 다른 곳으로부터 쇼핑 알림메시지를 받을 때마다 작동해서 가격 비교를 하거나 추가 혜택을 제공한다. 가끔 같은 상품을 더 유리한 가격으로 살 수 있어 유용하다.

그런데 B마트의 30퍼센트 세일 메시지는 약하다. 어차피 L마트도 가격 할인을 해줄 것이다. 이 정도로 지금의 편리함을 포기할 수는 없다. 그런데 B마트의 메시지 밑에는 매력적인 문구가 붙어 있었다. "호주산 양념불고기 100그램에 1,500원! 12시부터 한 시간만 게릴라 세일. 예약자에 한함." 이건 대박이다. 나는 얼른 예약 아이콘을 터치했다. B마트까지는 차를 타고 10분. 지금 출발하면 오늘 저녁에 불고기 파티를 할 수 있다.

자동차에 타고 시동을 거니 OLED로 만든 자동차 대시보드의 모니터가 "딩동" 하며 새로운 소식을 전한다. L마트에서 모바일 쿠폰을 보냈단다. "호주산 양념불고기 100그램에 1,000원, 쿠폰 소지자에 한하며 1인당 2킬로그램까지 한정 판매" 이건 정말 파격적인 가격이다. 내가 사려고 한 세제도 30퍼센트 가격인하란다. 내 세탁기의 인공지능 역시 스마트폰과 연결되어 있기 때문에 내가 L마트를 배반하고 B마트로 갈 것이란 것을 알아차린 것이다. L마트에서 보낸 쿠폰 다운로드 버튼을 터치했다.

잠시 뒤 나는 L마트에서 산 세제와 양념불고기 1킬로그램, 그리고 다른 물건들을 한아름 안고 집으로 돌아왔다. 세제를 보면서 생각했다. 오늘 L마트 쇼핑은 누가 결정한 거지? 나일까? 세탁기인가? 자동차인가? 스마트폰인가? L마트인가? 잘 모르겠다. 분명한 사실은 온전히 내가 한 것은 아니라는 것이다. 나는 그저 인공지능 마케팅 솔루션의 아바타 역할만 한 것 같다.

이 가상의 스토리는 머지않아 일상이 될 수 있다. 이 스토리에서는 마케팅 메시지가 세 번 소환되었다. 처음에는 세탁기가 내게 세제를 사라고 메시지를 보냈을 때다. 편리함을 내세우며 늘 사용하던 브랜드로 구입하라고 설득하는 것이었다. 사실 세제 정도는 일일이 살 때마다 의사결정을 할 필요가 없다. 늘 사용하는 제품이면 된다. 간혹 다른 통로로 더 저렴하게 살 수 있는 기회도 있지만 내가 이용하는 방법 또한 경쟁력 있는 가격이다. L마트는 항상 최저가 보장을 주장하니 말이다. 아무튼 세제 구매 정도는 세탁기에게 맡겨놓는 사람들이 많을 것이다.

그런데 갑자기 스마트폰이 도발을 했다. 자신과 연결된 B마트의 인공지능 서버에 내 계획을 일러바친 것이다. 이런 도발, 나쁘지 않다. 앱이 없던 시절에는 가격 비교 사이트를 일일이 방문했었으니 말이다. 사실, B마트는 언제나 내 냉장고를 노리고 있다. 세탁기는 L마트에 빼앗겼지만 가전의 여왕은 냉장고다. 내 냉장고는 아직 아무것과도 연결되지 않은 아날로그 냉장고다. B마트의 인공지능은 집요하고도 공격적이다. 내가 B마트에서 불고기를 산 적이 있고, SNS에 불고기 사진을 몇 번 올린 것만으로도 내 취향을 간파했다. 그래서 나는 B

마트가 보낸 두 번째 마케팅 메시지를 받게 된 것이다.

L마트의 인공지능도 만만치 않다. 자동차의 인공지능이 L마트의 인공지능과 연결되어 있었던 것이었다. L마트 방문 시, 한번은 극장을 다녀오느라 주차시간을 엄청나게 초과한 적이 있었다. 그런데 내 차에 전자 주차 딱지를 붙이면 오늘 초과 요금도 감면해주는 것은 물론, 다음부턴 3시간까지 시간 초과를 허용해주겠다는 것이었다. 그때 붙인 딱지가 내 차의 인공지능과 L마트의 인공지능을 연결해주는 매개체였던 것 같다. L마트는 내가 변심한 것을 알고 마지막 한방인 세 번째 메시지를 보낸 것이다.

만일 당신이 이런 일을 겪는다면 어떤 판단을 할 것인가? 광고 폭격을 맞는다고 생각할 것인가, 아니면 생활이 정말 재미있고 편리해졌다고 느낄 것인가? 그건 아마도 당신이 어떤 가치체계를 가지고 있느냐에 따라 달라질 것이다. 당신이 경제적인 소비 생활에 관심이 있는 사람이라면 이런 적시에 날아오는 각종 광고에 귀를 기울일 것이고, 쇼핑을 싫어하는 사람이라면 세탁기에게 모든 주문을 맡기지 않을까.

경제 양극화 해소에
인공지능이 기여할 수 있다면

고급 서비스의 보편화

"양 비서, 차 대기시켜."

비서는 지시대로 집 현관에 차를 대기시킨다. 영호 씨는 대기한 차에 올라 다시 주문한다.

"사무실로!"

사무실에 도착하자 사무실 현관은 주인을 알아보고 저절로 열린다. 자리에 앉자 주치의로부터 문자메시지가 왔다. 오늘 당 수치가 좀 올라갔으니 달고 짠 음식을 피하란다. 영호 씨는 다시 양 비서에게 지시한다.

"양 비서, 오늘 식사는 저염식으로 준비해."

영호 씨는 개인비서, 운전기사, 홈닥터를 거느리고 있다. 이 정도로 호사를 누리며 살려면 적어도 중견 기업체 대표 정도는 되어야 하지 않을까? 하지만 영호 씨는 중소기업의 대리다. 그럼 그는 금수저? 아니다. 그는 중산층 가정 출신이다.

인공지능과 슈퍼 비즈니스 기업들이 과거 억만장자가 되어야 누릴 수 있었던 서비스를 모든 이들이 이용할 수 있게 만들고 있다. 스마트폰에서 항상 이용할 수 있는 인공지능 비서 구글 나우가 양 비서의 역할을 충분히 해낸다. 구글 나우는 영호 씨의 주문이 떨어지자마자 아파트 지하에 주차되어 있는 자율주행 자동차에 메시지를 전달해 아파트 현관에 차를 대기시켰다.

구글 나우는 양 비서보다 훨씬 똑똑하다. 항상 영호 씨가 물어보기 전에 필요한 정보를 미리 알려주는 처방적 검색 서비스를 제공하는 점이 그렇다. 예를 들어 해외 출장을 가기 위해 메일 계정으로 탑승권을 받으면, 공항에 들어서자마자 구글 나우에 탑승권이 표시된다. 이 탑승권의 QR코드만 스캔하면 탑승이 가능하다. 구글 나우는 도착 지역의 날씨를 알려주는 한편, 현지의 이벤트나 관광지 등의 정보 또한 제공한다. 실제 사람이 비서로서 챙겨준다 해도 구글 나우만큼 빠르고 정확하게 챙겨줄 수 없을 것이다.

현재 모바일 OS 시장은 구글의 안드로이드와 애플의 iOS가 양분하고 있고 마이크로소프트의 윈도우가 따라가고 있는 형국이다. 이 3대 모바일 OS는 각자 독자적인 개인비서 서비스를 제공하고 있다. 구글은 앞에 소개한 구글 나우, 애플은 시리, 마이크로소프트는 코타나cortana다.

스마트폰의 개인비서 서비스를 가장 먼저 생각한 사람은 스티브 잡스Steve Jobs였다. 그는 타계하기 바로 전, 아이폰과 아이패드 등 iOS를 사용하는 애플의 스마트 디바이스에 시리를 탑재했다. 시리는 음성인식을 기반으로 한 검색 및 실행 서비스이다. 시리는 검색 솔루션의 화두였던 자연어 검색을 문장 단위의 음성으로 실행하고, 검색 뒤에는 앱 실행까지 연결되게 했다. 따라서 시리에게 말을 해서 전화번호를 찾거나 찾은 전화번호로 전화를 걸고 문자를 보낼 수도 있다. 또 자판을 두드리지 않고 음성만으로 페이스북이나 트위터에 글을 올리고 메일 또한 전달할 수 있다. 운전 중에 내비게이션을 조작하기 위해 굳이 정차하지 않아도 된다. 이 역시 시리에게 명령해 작동시킬 수 있기 때문이다.

시리의 대항마로 구글에서 준비한 서비스가 바로 구글 나우이다. 과거에 시리가 명령을 받은 다음에 그 명령에 대한 결과를 보여주는 것과 달리 구글 나우는 명령을 내리기 전에 미리 예측해 검색을 하고 예상되는 결과를 보여준다. 구글 나우에는 사용자가 직접 검색 작업을 하지 않아도 알아서 검색을 해주는 자율검색 기술이 반영되어 있다. 안드로이드폰 사용자라면 여행할 때 구글 나우에 그 지역의 일기나 주변 시설에 관한 정보가 저절로 표시되는 것을 경험했을 것이다. 구글의 인공지능이 알아서 사용자에게 유용할 만한 정보들을 검색해준 결과다. 구글 나우와 시리의 큰 차이점은 인간미라 할 수 있다. 구글 나우는 시리보다 더 검색 본능에 충실하다. 예를 들어 농담을 하면, 시리는 능글맞게 잘 대처하는 반면 구글 나우는 농담에 대해서도 검색 결과를 내놓으려고 한다.

구글 나우는 자율검색에 음성인식 명령을 더해 개인비서 기능을 한층 더 업그레이드하는 한편, 거대한 신경망을 구축하고 있다. 클라우드 서버 단위의 인공지능들을 연결한 두뇌인터넷을 통해 구글 관련

앱은 물론 지메일과 기타 연결망에 있는 모든 정보를 통합해 사용자 감동의 수위를 극대화하겠다는 계획이다. 이렇게 되면 구글 나우는 문맥까지 분석해서 서비스를 제공하게 될 것이다. 예를 들어 친구에게 이번 주말에 "〈아이언맨〉 보고 저녁 먹을래?"라는 메시지를 보내면 구글 나우는 영화, 극장 정보는 물론 주변 식당까지 추천해준다. 식당 검색은 물론 예약도 가능하다. 마찬가지로 음악을 듣고 있으면 가수나 가사에 대한 정보는 물론 음원 구매까지 바로 연달아 할 수 있다.

윈도우폰 8.1에서부터 등장한 마이크로소프트의 코타나는 셋 중에서 가장 나중에 등장한 비서다. 코타나는 기본적으로 시리를 벤치마킹한 것으로 보인다. 음성으로 지시를 받으면 그 내용을 해석하고 그에 따라 동작을 실행한다. 시리처럼 농담에 능글맞은 대답을 내놓기도 하니 스마트폰 속에 정말 비서가 살고 있는 것 같다. 코타나의 뒷배는 마이크로소프트의 클라우드 인공지능 애저Azure다. 애저는 음성 인식 스마트 데이터를 보유하고 있어 음성을 인식하고 해석하는 능력이 시리보다 더 뛰어나다는 평가다. 마이크로소프트가 인공지능으로 앱을 대체하겠다고 선전 포고를 한 만큼 코타나의 인공지능은 한층 더 업그레이드될 것으로 보인다.

애플은 열세를 극복하기 위해 2015년 10월에 영국의 인공지능 회사 보컬IQVocalIQ를 인수했다. 보컬IQ는 즉시 이해가 가능한 인공지능을 개발해왔다. 애플은 또한 인공지능 이미지 인식 엔진을 개발한 퍼셉티오Perceptio도 인수했다. 인간미 좋은 똑똑한 비서로 거듭나려는 노력이 보인다.

자율주행 자동차를 출퇴근에 운행하는 것은 식은 죽 먹기다. 영호 씨가 자율주행 자동차에 올라 '출근'이라는 명령을 하면 자동차는 클라우드 서버에 있는 인공지능을 소환해 명령을 인지하고 바로 길을 나선다. 그리고 교통정보 인공지능이 자동차의 클라우드 인공지능과 교신해서 목적지까지의 최단거리를 계산해낸다. 거기에 교통정보를 덧입히면 최적 경로가 산출되어 내비게이션에 입력된다. 이는 이미 구글에서 테스트되고 있는 서비스다.

2010년 자율주행 자동차 개발을 공식 발표한 구글은 카메라와 GPS, 각종 센서를 장착한 자동차로 캘리포니아 마운틴뷰, 텍사스 오스틴의 일반 도로에서 시험 운전을 진행했다. 그리고 2014년 12월에는 구글카 시제품을 공개했다. 자동차에 탑재한 센서 장비가 소형화되었고, 실제 도로에서 달릴 수 있도록 각종 편의 기능이 추가되었다.

구글카 지붕에는 감시카메라처럼 생긴 원뿔형의 물체가 계속 돌아가고 있는데, 이것이 바로 구글카 기술의 핵심인 라이더LIDAR다. 원격 레이저 시스템, 음파 장비와 3D 카메라, 레이더 장비로 무장한 라이더는 마치 사람처럼 사물과 사물의 거리를 측정하고, 위험을 감지할 수 있도록 돕는다. 360도로 주변을 감지할 수 있도록 설계된 레이저 장비는 사물과 충돌해 반사되는 원리를 이용해 거리를 측정하고, 1초에 160만 번이나 정보를 읽는다. 또 전방을 주시하기 위해 탑재된 3D카메라는 30미터 거리까지의 도로 상황을 실시간으로 파악한다.

자율주행 자동차 시장에 뒤늦게 합류했지만 사용 가능한 제품을 먼저 출시한 기업은 BMW다. BMW는 자율 주차 기술과 차량에 장착된 네 개의 레이저 스캐너가 주변 환경을 탐지하고 자동차가 장애물과 충돌하지 않도록 하는 기술을 내놓았다.

자율주행 자동차 기술은 현재 5단계로 구분된다. 1단계는 위험경고를 해주는 자동차다. 이 경우 운전자가 모든 제어를 한다. 2단계는 자동화 기능 지원 자동차, 3단계는 운전자 감시 자율주행 자동차, 4단계는 조건부 자동주행자동차, 5단계가 완전 자율주행 자동차다. 현재 구글카는 5단계를 지향하고 있고 기존 자동차 회사들은 4단계의 실현을 목표로 하고 있다.

이론적으로는 이렇게 구분하지만 악천후 시 카메라와 센서의 작동 오류가 생긴다는 점, 자율주행 자동차와 자율주행 기술이 채용되지 않은 자동차가 현실적으로 공존이 쉽지 않다는 점, 부득이한 사고가 일어났을 때 책임 소재가 애매하다는 점 등 아직은 해결해야 할 과제가 많다.

이러한 우려를 해결해줄 솔루션 중 하나가 바로 양자컴퓨터다. 슈퍼컴퓨터의 1억 배 이상의 연산 능력을 지닌 양자컴퓨터가 자율운행을 담당한다면, 인공지능은 도로 위에 존재하는 모든 차량의 움직임을 몇 만 분의 1초 단위로 분석할 수 있다. 이를 토대로 각 차량의 움직임과 방향을 제어하면 초정밀 운전이 가능하게 되며, 악천후나 예기치 못한 사고에도 능동적인 대처가 가능할 것이다.

사무실에 도착한 영호 씨는 홍채인식 도어록을 이용해 문을 열었다. 아이록Eye Lock은 홍채를 읽어 문을 열거나 보안 코드를 제어하는 기술을 제공한다. 인공지능에 연결된 홍채인식 도어록의 장점 중 하나는 사용할 때마다 건강 체크를 해준다는 점이다. 홍채를 통해 확인된 인체 정보는 회사와 계약한 건강 검진 센터로 전송된다. 센터에선 직원들의 건강 상태에 변화가 있을 때마다 문자메시지로 통보해준다. 그러니 사무실 출입을 할 때마다 홈닥터를 소환하는 셈이다. 영호 씨의 회사는 야근이 많은 터라 직원들의 건강 상태를 돌보고자 이 서비스를 채용했다.

슈퍼 비즈니스 주식회사들은 개인비서, 운전기사, 홈닥터, 개인교사 등 과거 부유층의 전유물이었던 맞춤 서비스를 일반인들도 누리는 시대를 열고 있다. 두뇌인터넷 같은 인공지능 간의 연결, 로봇 기술과 자율주행 기술, 원격진료 기술이 발달하면 앞으로 이 같은 서비스는 더욱 보편화될 전망이다.

#코타나 #보컬IQ #퍼셉티오 #자율주행 자동차 #라이더 #아이록

Tip 1

사용 빈도가 높은 제품의 사용 정보를 인공지능에 연결하면 제품 스스로가 이용자에게 맞춤 프로그램을 제공하는 제품을 개발할 수 있다. 예를 들어 안마의자에 인공지능을 소환한 스마트 안마의자를 생각해보자. 안마의자는 스마트폰의 안마의자 앱과 연동해서 오늘의 운동량, 바이오리듬 등 건강 정보를 분석, 최적의 마사지 코스를 제공한다. 그리고 음성인식 디바이스를 장착해서 사용자가 만족스런 신음을 내거나 시원하다고 말한 부위를 집중 관리할 수 있다. 이 안마의자는 공공장소에서 유료 서비스로 제공할 때도 안성맞춤이다. 이 안마의자 앱을 가진 고객은 언제나 자신에게 맞춰진 프로그램으로 케어를 받을 수 있다.

Tip 2

앞으로는 인간이 아닌 인공지능을 대상으로 한 마케팅이 중요해질 것이다. 사용자의 의사결정이 없어도 자동으로 주문 가능한 제품, 세제, 우유, 주스, 쌀 등의 제품을 자동 재주문하는 프로그램에 자사의 제품이 자동으로 주문될 수 있도록 만드는 것이 필요하다. 대형 마트와 냉장고 제조사가 제휴한 공짜 냉장고도 제공이 가능할 것 같다.

"○○ 전자 820리터 양문형 인터넷 냉장고 무료 – L마트에서 36개월 동안 월 30만 원 이상 자동 구매 설정 조건"

아마도 이런 광고 문구를 곧 볼 수 있게 되지 않을까?

3

인공지능
마케팅의
미래

독심술과
투시력을
판매하는
슈퍼 비즈니스

이번 장에서 소개할 슈퍼파워는 독심술과 투시력이다.

투시력은 멀리 떨어져 있는 사물 내부를 들여다보는 기술이다.
거대한 건물의 내부를 엑스레이로 촬영한 것처럼 꿰뚫어보고, 미로처럼 얽힌 빌딩
내부를 현미경으로 보듯 들여다보는 능력이다. 이를 위해 애써서 수련할 필요는 없다.
스마트폰 한 대만 있으면 된다. 앞으로 대유행할 것으로 예상되는 증강현실 기기를
사용하면 더욱 편리할 것이다.

독심술은 말 그대로 상대의 마음을 읽는 기술이다. 의사가 생전 처음 만나는
환자의 얼굴만 보고도 그의 이름과 병명, 증상, 내원 목적 등을 단숨에 읽고,
국제회의에서 처음 만나는 사람들끼리 대화를 나누기 전에 상대방의 이름과 직장,
직위 및 참가 목적 등 상세한 정보를 파악한다.
더욱 놀라운 사실은 이런 독심술 기기를 저렴한 가격에 판매하고 있다는 것이다.

책이나 영화, 만화에서나 보던 슈퍼파워는 이미 현실에 존재하는 기술이 되었고,
이를 이미 제품과 서비스에 활용해 새로운 시장을 창출해낸 기업들이 있다.
그 기업들의 면면을 엿보도록 하자.

소련의
핵잠수함 기지를 투시하라

미국의 초능력 부대, 슈퍼솔저
||||||||||||||||||||||||||||||||||||||||||||||||||||||||

조용하고 어두운 사무실 안. 한 사내가 책상 위에 놓인, 어떤 건물의 위성사진을 뚫어져라 바라본다.

"대형 잠수함을 만들고 있네요."

그 사내는 무아지경에 빠진 듯 중얼거렸다.

"튜브가 몇 개 있지?"

군복을 입은 사내가 다급하게 물었다.

"하나, 둘, 셋… 모두 열 개네요."

그는 무의식 상태에서 북극 근처에 위치한 소련의 핵잠수함 건조 기지에 대해 자세히 설명했다. 이 남자의 이름은 조셉 맥모니글. 일명

코드명518로 통했다.

이는 미국 작가 짐 슈나벨Jim Schnabel의 《투시력자들 – 미국 초능력 스파이들에 관한 은밀한 역사》에서 소개한 미국 초능력 부대의 투시 능력자 1호 병사, 맥모니글의 이야기다. 이 책의 내용은 실제로 이 부대에 관여했던 인물들의 인터뷰를 바탕으로 한 것으로 맥모니글 역시 아직까지 자신의 경험을 연설하고 다닌다고 한다.

텔레파시는 우리에게 알려진 감각 채널이나 육체적 상호 작용을 통하지 않고도 한 사람의 생각, 말, 행동 따위가 멀리 있는 다른 사람에게 전이되는 심령 현상을 말한다. 텔레파시로 비밀 작전을 전달하면 적에게 들킬 염려가 없다는 관점에서 텔레파시를 군사적으로 이용하려는 시도가 실제로 이어졌다.

1995년 12월 2일 자 〈워싱턴 포스트〉에는 흥미로운 기사가 실렸다. 7만 3천여 쪽에 이르는 미국 중앙정보국CIA 비밀문서에 따르면, 미국 정보기관이 1972년부터 1996년까지 24년 동안 암호명 스타게이트Star Gate라는 초능력자 부대를 운영했다는 것이다. 기사에 따르면 소련과 냉전 중이던 미국은 스파이 전쟁이 시작된 1950년대 초반부터 CIA와 국방정보국DIA 등에서 텔레파시, 원거리 투시, 최면술 등의 초능력 연구를 시작했다고 한다. 그리고 1972년, 20여 년간의 연구 끝에 미국 전역에서 수십 명의 초능력자들을 극비리에 모아 비밀부대를 창설했다.

제다의 용사 또는 슈퍼솔저라고 불린 이 초능력 병사들은 초감각적 지각extrasensory perception을 이용해 미국 국방부에서 주도한 비밀 스파이 작전에서 활약했다. 주요 임무는 핵무기와 관련된 적국의 군사 시설, 테러리스트의 본거지, 적국의 요인 거주지 등을 찾아내는 수색 작업이나 비밀리에 기밀을 빼내오는 것이었다. 이들은 리비아의 독재자 카다피의 은신처 공습 작전, CIA 내부의 이중간첩 색출 작전 등 약 250개의 실제 작전에 투입됐다. 하지만 냉전이 종식된 뒤 의심스러운 이들의 초능력에 대해 우려하던 존 도이치 CIA 국장이 연간 2,000만 달러에 이르던 관련 예산 지원을 중단하면서 부대가 해체되었다.

초능력 부대를 현실화한 것은 미국이 처음이 아니다. 초능력 부대를 처음으로 구상한 사람은 히틀러로 알려져 있다. 유년 시절부터 초능력에 대한 환상을 지니고 있던 히틀러는 첩보국에 초능력자들을 고용했으며, 유태인 색출 작전에 이들을 동원했다고 한다. 히틀러가 초능력자들을 실험 삼아 이용했다면 스탈린은 이들을 군사 작전에 본격적으로 투입했다. 스탈린은 1930년대에 히틀러를 모방해 초능력 병사 양성을 국가 기밀 프로젝트로 채택한 뒤 이를 처음부터 군사 작전에 이용했다.

구소련 초능력 특수부대는 미국 초능력 부대처럼 적국의 핵무기 소재를 파악하는 작전은 물론 핵무기를 원격 투시로 무력화시키는 작전도 전개했다고 한다. 구소련의 초능력 특수부대는 존재 자체가 기밀이었지만 구소련 붕괴 이후인 1995년, 러시아 극동 지역에서 사라진 여객기 TU154기 수색 작업에 그 부대원들이 투입되면서 실체를 드러냈다. 이와 같이 이른바 슈퍼솔저들이 활동했다는 기록들은 있지만 그들이 정말 투시력이나 독심술, 텔레파시 같은 능력을 지녔다고 인정된 것은 아니다.

그런데 오늘날, 슈퍼솔저 부대가 운영된다는 것만큼이나 놀라운 일이 일어나고 있다. 투시력 또는 독심술 기능을 가진 제품이 판매되는가 하면 급기야 무료로 제공되고 있는 것이다. 이제부터 놀라운 슈퍼파워 서비스를 제공하는 기업들을 살펴보자.

집에서 즐기는
실제 같은 가상 쇼핑

구글 비즈니스 뷰와 혼합현실 마케팅

제인은 최근 썸을 타는 찰스에게 첫 데이트 신청을 받았다. 그가 약속 장소로 정한 레스토랑은 얼마 전 문을 연 곳이어서 잘 모른다. 분위기에 맞춰 옷을 입고 나가고 싶은데, 그 레스토랑은 어떤 분위기일까?

"뚜뚜뚜뚜."

제인이 욕조에 몸을 담근 채 입으로 소리를 내자 그녀의 눈앞에 레스토랑의 외관 영상이 펼쳐진다.

"뚜뚜뚜뚜."

이번엔 실내가 투시된다. 입구부터 바와 테이블, 주방의 모습까지 들여다볼 수 있다.

건물을 뚫고 레스토랑 내부까지 볼 수 있는 제인. 그녀는 어떻게 미국 초능력 부대도 갖지 못한 투시 능력이 있는 것일까? 더구나 그녀는 초능력자가 아니라 당신처럼 평범한 사람이다. 비밀은 스마트폰에 깔린 구글의 비즈니스 뷰Google Business View. 구글 지도 인도어 맵Indoor Map은 초능력이 없어도, CCTV를 설치하지 않아도 건물 내부를 투시할 수 있도록 해준다. 인도어 맵의 비즈니스 뷰 서비스를 이용하면 상점이나 쇼핑몰은 물론 학교, 호텔, 도서관, 랜드마크 빌딩, 나아가 카지노와 공항에 이르기까지 건물 내부 지도를 층 단위로 볼 수 있다. 이뿐만이 아니다. 구글 스트리트 뷰Google Street View에서 제공하고 있는 360도 파노라마 뷰가 실내에서도 구현된다. 조이스틱처럼 생긴 이미지를 살살 건드리면 회전하면서 가게 안이 샅샅이 비춰진다. 구석구석 꼼꼼히 채워진 이미지는 마치 가게 안을 가상현실 기기로 들여다보는 듯한 느낌을 준다(이와 같이 내부 이미지를 제시하려면 시설물 주인의 적극적인 참여가 필요하다. 사진 촬영을 위해서 전문 사진사가 동원되고, 비용 부담은 의뢰인의 몫이다).

출구 쪽을 누르면 현관, 계단을 지나 거리 사진이 나오는 스트리트 뷰로 바로 연결된다. 이제는 지도가 거리와 건물 안팎을 연결하는 단계에 이른 것이다. 이 지도가 구글 글라스Google Glass와 연동되면 더욱 다양한 체험이 가능하리라 기대된다. 글라스를 통해서 보는 실내 공간 정보에는 수많은 부가 서비스가 연동될 수 있기 때문이다. 다만 아직은 실시간으로 건물 내부를 투시할 수 없다는 한계가 있다. 그래도 상관없다. 제인처럼 레스토랑 분위기를 미리 살피려는 사람이나 직접 가보지 않고 구경하려는 사람들에겐 매우 고마운 서비스다.

앞으로 이 기술이 혼합현실Mixed Reality, MR 기술과 결합되면 궁극의 인공지능 마케팅 도구가 될 수 있다. 가상현실이 모바일 구매로 연결되고, 실시간 카메라의 도움으로 특정 장소에 가지 않더라도 그 장소를 실시간으로 체험하고 상품구매나 예약, 쿠폰 수령, 가격 흥정 등을 할 수 있는 혼합현실 서비스가 가능해지니 말이다. 이를테면 다음과 같은 상황이 가능하다.

수희 씨와 재호 씨의 데이트 3시간 전. 재호 씨가 정한 데이트 장소는 TV에 자주 나오는 요리사가 운영하는 프렌치 레스토랑인데, 얼마 전 새로 문을 연 곳이어서 정보가 없다. 게다가 L월드 몰 안에 있다는데, 그곳은 한 번도 가본 적이 없다. 먼저 위치를 정확히 알아보기 위해 스마트폰에서 길 찾기 앱(애플리케이션)을 작동시키고, VR(가상현실)기어를 썼다.

스마트폰에서는 IPSIndoor Postioning System(실내측위기술)가 작동된다. 벽을 뚫는 내비게이션으로 불리는 IPS는 건물 내부에서 사용자의 위치를 파악, 이를 스마트폰에 내장된 지도와 실시간으로 대조해 길을 알려준다. 스마트폰과 IPS와의 교신은 와이파이, 블루투스, 지구

자기장, 음파 등이 담당한다.

출발 지점은 L월드 몰 근처의 지하철역 4번 출구. 스마트폰의 앱과 연동된 VR기어의 화면에 수희의 아바타가 나타나 영상 속에서 길을 가기 시작한다. 지하 1층 입구를 지나 쇼핑몰 주변에 위치한 여러 상점들과 식당들을 지나친다. 실제로 걸으면서 보는 것과 다를 게 없다. 자신이 지금 방 안에 있다는 것조차 잊어버릴 정도다. VR기어는 윈도쇼핑 또한 완벽하게 지원한다. 가게 하나하나를 눈앞에 있는 것처럼 살펴볼 수 있다. 한 옷 가게를 지나치는데 마네킹이 입은 옷이 눈에 들어온다. '들어가자'라고 생각하자 수희의 아바타는 가게 안으로 발길을 옮긴다. VR기어에 뇌파를 읽어 명령을 수행하는 기능이 들어 있기 때문이다.

구글 비즈니스 뷰가 진화한 실시간 혼합현실 버전으로 가게 내부도 그대로 들여다볼 수 있다. 매장 안에 설치된 여러 대의 고성능 CCTV가 매장 안의 디스플레이를 스마트폰 앱을 통해 실시간으로 VR기어에 전송한다.

가게 안에서 마네킹이 입은 옷을 찾았다. '입어봐야지'라고 생각하자 이번에는 아바타가 아니라 수희 씨가 직접 입은 모습이 투영된다. '얼마지?' 하고 생각하자 큰 글씨로 가격이 떠오른다. 정가 4만 5,000원, 세일 가 3만 원, 앱을 통해 사면 5,000원 추가 할인. 얄밉게도 항상 사지 않고는 견딜 수 없게 가격 장난을 한다. 이 장난은 인공지능 마케팅 솔루션이 한 것 같다. 수희의 구매이력과 성향을 이미 완벽하게 파악하고 가격으로 도전을 해온 것이다. 그럼에도 '다른 곳도 둘러보고 사야지' 냉정하게 마음을 추스르는 순간 타임세일이 시작된다. 앞으로 5분간 10퍼센트 추가 할인. 인공지능은 수희가 가격민감도가 높은 고객이란 것을 이미 파악한 것이다. 수희가 졌다. 그녀는 옷을 일단 카트에 담았다.

가게에서 나와 에스컬레이터에 오른다. 약속 장소는 5층이다. 에스컬레이터가 4층을 지나치는데 갑자기 옆에서 네온사인이 번쩍거린다. 이 몰에 있는 유명 로브스터 뷔페 레스토랑에 이번 주 토요일 12시 자리가 비었다는 안내다. 부모님을 모시고 가려고 지난달에 전화 예약을 하려다 실패한 곳이다. 인공지능 마케팅 솔루션은 그녀의 검색기록과 통화기록을 꿰고 있었다. 그 네온 광고 방향으로 고개를 돌려 '예약'이라고 생각하면서 스마트폰을 가볍게 세 번 두드렸다. 그랬더니 이번 주 토요일 12시에 3명 예약 완료라는 자막이 뜬다. 인공지능 실시간 마케팅이 또 한번 빛을 발하는 순간이다.

어느덧 수희의 아바타는 약속 장소에 도착했다. 여기까지 미리 와본 것은 프렌치 레스토랑에 대한 선입견 때문이다. 프렌치 레스토랑 하면 드레스 코드가 따로 있어 왠지 근사하게 차려입고 가야만 할 것 같다. 화려한 실내 장식에 정장을 말끔하게 입은 직원들이 식사하는 곳이라면 대충 입고 갔다가 주눅이 들 게 뻔했다. 그런데 오늘의 약속 장소는 편안한 분위기의 작은 식당이었다.

이제 필요한 정보는 모두 얻었다. 수희 씨는 VR기어를 벗은 뒤 스마트폰의 장바구니를 확인했다. 아까 담아두었던 옷의 결제를 마치고, 현장 수령을 선택했다. 레스토랑에 가는 길에 옷을 찾아 입어보고, 맘에 안 들면 바로 결제 취소를 할 생각이다. 마음에 들어서 최종적으로 구매하기로 하면 그때 택배를 부탁하면 되고 말이다. 그러나 취소할 확률은 극히 적다. 인공지능이 또 어떤 마케팅을 할지 모른다. 인공지능은 이미 조망이론을 비롯해 소비자 심리에 관한 모든 이론을 알고 있고, 다양한 적용경험을 갖고 있다. 수희가 상품을 최종 구매하지 않고는 못 배기게 하는 도구들을 준비하고 있다.

이런 인공지능 마케팅과 결합한 혼합현실 서비스를 개발한 기업은 아직까지는 없다. 그러나 앞의 가상 사례에 등장한 서비스를 구현하는 데 필요한 기술은 모두 개발되어 있다. 그 기술들을 잘 조합하면 얼마든지 혼합현실 체험 쇼핑 서비스를 실현할 수 있다. 대형 마트들이 긴장하며 대비해야 할 경쟁기업의 모습은 바로 이런 게 아닐까?

#비즈니스 뷰 #인도어 맵 #구글 글라스 #혼합현실

환자 얼굴만 봐도
진료기록이 보인다

어그메딕스가 개발한 의료용 앱
|||||||||||||||||||||||||||||||||||||||||||||||||||||||||||||||||

"케이티 씨 어서 오십시오."

의사 스미스 씨가 진료실 문을 열고 들어오는 새로운 환자를 맞이하며 인사를 건넨다. 환자가 의자에 앉자 스미스 씨는 미소를 지으며 말을 건넸다.

"40대 피부 같지 않고 소녀 같으시네요. 지난번에 레이저 치료 받으셨죠?"

케이티는 놀랐다. 이 의사에게 진료를 받는 것은 처음인데 어떻게 알았을까? 앞서 진료받은 환자가 나가자마자 진료실에 들어선 터라 스미스 씨가 차트를 자세히 볼 시간도 없었다. 그런데 이름은 그렇다 치고 나이부터 지난번 진료 기록까지 언제 확인한 것일까?

"오늘은 보톡스 시술 하시려고요?"

그런데 여기에 더해 보톡스를 맞으려고 온 것까지 알아맞히다니! 케이티는 놀라우면서도 혼란스러웠다.

스미스 씨의 독심술 비결은 그가 쓴 안경에 있었다. 이 안경은 어그메딕스Augmedix에서 개발한 의료 서비스용 앱을 탑재한 구글 글라스이다. 이 앱은 구글의 안면 인식 인공지능을 활용, 데이터베이스에

어그메딕스가 개발한 앱을 이용해 구글 글라스에서 보는 환자 정보
(Image used with permission from Augmedix, Photo©Augmedix)

입력된 고객들을 식별할 수 있도록 도와준다. 그래서 사용자가 환자의 얼굴을 쳐다보면 환자의 안면을 인식해서 환자와 관련된 진료 정보를 글라스에 보여주는 것이다. 별로 어렵게 보이지 않는 응용기술이지만 환자의 입장에서 보면 완전히 마술에 가깝다. 처음 만난 의사가 자신의 신상 정보와 건강기록, 내원 목적 등을 훤하게 꿰뚫기 때문이다.

이와 같이 신기한 재주를 보여주는 것이 이 기술의 목적은 아니다. 어그메딕스 솔루션을 이용해 의사는 전자의료기록Electronic Medical Record, EMR을 찾고 입력하는 시간을 줄일 수 있고, 그 줄인 시간만큼 환자들에게 더 많은 시간을 사용하거나 더 많은 환자를 진료할 수 있다.

또한 환자의 얼굴을 바라보며 진료를 할 수 있으니 보다 인간미 넘치는 진료 서비스도 기대할 수 있다. 이와 같이 어그메딕스는 병원의 매출 증대와 진료의 품질 향상에 직결되는 솔루션으로 각광을 받게 된 것이다.

이 솔루션은 많은 사람들이 모여 회의하고 교류하는 자리에도 유용하게 사용될 수 있을 듯하다. 국제회의나 전시회를 가면 많은 사람들을 만나게 된다. 그런 장소에서 자신을 표현하는 방법은 명찰이다. 그러나 명찰의 정보는 한정되어 있고 지나치는 사람들을 노골적으로 응시하기도 민망하다. 이런 장소에서 안면 인식기술을 이용한 상대 식별 솔루션을 활용한다면 보다 정확하게 자신이 원하는 사람들과 교류할 수 있을 것이다. 그리고 필요한 모임에 적절히 참석해 생산성을 극대화할 수도 있다.

만일 음식점에서 이런 솔루션을 사용하면 획기적으로 서비스를 향상시킬 수 있을 것이다. 요식업에서 단골을 알아보고 손님의 취향을 우선적으로 고려해주는 것은 매우 중요하다. 고객들의 데이터를 등록하고 그들의 특별한 요구에 대한 정보가 저장되고 활용된다면 적어도 서비스에 있어서만큼은 높은 경쟁력을 가질 수 있다.

현재 구글은 일반인을 대상으로 테스트했던 익스플로러 글라스 프로젝트를 중단하고 구글 글라스 시제품 판매를 하지 않고 있는 상태다. 다만 기업용 구글 글라스 앱 개발 프로젝트인 글라스앳워크 Glass@Work는 계속 추진해 일부 의료 현장과 연구소 등에서 활발히 이용하고 있다.

#어그메딕스 #전자의료기록 #글라스앳워크

고객의 생각과 감정에
반응하는 광고

뉴로 마케팅
IIIIIIIIIIIIIIIIIIIII

어제, 아니 오늘 새벽 4시까지 술을 마신 기호 씨. 가까스로 시간 맞춰 출근은 했지만 오전 내내 공중에 붕 떠 있는 기분이었다. 피로와 졸음이 함께 몰려오는 순간, 스마트 글라스에 회사 근처에 새로 문을 연 찜질방 광고가 떴다.

'완벽한 수면을 도와주는 캡슐 수면실 완비!'

이 광고의 유혹을 도저히 거부할 수가 없다. 스마트 글라스와 함께 착용한 뇌파 커뮤니케이션 기기가 내 기분을 읽어내 광고를 한 것이다. 광고회사가 내 뇌까지 읽어내는 독심술을 시전한 것이다.

스마트 글라스에 인공지능 인터넷 기술이 적용되면 이런 장면이 연출되지 않을까? 인공지능이 다른 인공지능이나 인간의 뇌와 연결해서 고객의 구매 욕구를 읽은 다음 가장 적절한 광고를 제시하는 것이다. 마케팅을 위해 만들어진 인공지능은 다양한 기기들의 인공지능과 연결되어 강력한 프로모션을 전개할 수 있다.

뇌 스캔을 이용한 광고는 우리를 뉴로 마케팅의 세계로 이끈다. 뉴로 마케팅은 소비자의 무의식에서 나오는 감정, 구매 행위를 뇌 과학 기술로 분석해 마케팅에 사용하는 기법으로 디자인, 광고 등이 소비자의 잠재의식에 미치는 영향을 측정하는 데서 시작되었다.

1980년대에 진행된 펩시콜라와 코카콜라의 블라인드 테스트에 따르면 사람들은 눈을 가린 상태에서는 펩시콜라를 더 선호했다. 그러나 실제 매출액은 코카콜라가 더 높게 나타났다. 즉 브랜드를 인지한 상태에서는 코카콜라에 대한 선호도가 더 높았던 것이다. 이에 호기심을 느낀 한 의대생이 뇌 과학 기술을 이용해 이 현상을 분석해보았다.

블라인드 테스트를 뇌 영상으로 기록해보니, 두 종류의 콜라를 마실 때 두 경우 모두 같은 뇌 영역이 활성화되는 것을 알 수 있었다. 특히 콜라의 달콤한 맛을 느끼고 보상 반응을 담당하는 전두엽이 크게 활성화되었다.

그러나 눈가리개를 벗고 브랜드를 보면서 시음하도록 하니까 뇌 영상이 다르게 나타났다. 코카콜라를 시음할 때는 전두엽 외에도 중뇌와 대뇌에 있는 정서 및 기억을 담당하는 또 다른 영역이 활성화된 것이다. 펩시콜라를 시음할 때는 정서 영역이 그다지 활성화되지 않은 것과 대비되는 모습이었다. 결론적으로 맛있다는 판단은 단지 혀가 느끼는 맛 자체로 인한 것이 아니라 뇌의 작용 결과 달라질 수 있는 것이었다. 즉 구매 결정에는 경험이나 브랜드 인지도 등이 영향을 끼칠 수밖에 없기에 소비자의 무의식의 세계가 중요하다.

건강 데이터나 뇌파를 읽는 제품은 이미 시판 중이다. 스마트밴드나 홍채 인식 도어록 등을 통해 혈압이나 열, 맥박, 바이오리듬 등 건강 진단에 필요한 기본적인 데이터가 실시간으로 측정되고 있다. 이 데이터는 병원의 인공지능에서 실시간으로 분석되고 필요한 경우 처방이 이어진다. 이 건강 진단 인공지능이 구글의 인공지능과 인터넷으로 연결되어 있다면 건강 상태에 따른 상품 제안이 가능해진다. 만약 인공지능이 인간의 뇌와 직접 연결된다면 마케팅 메시지는 더욱 직관적으로 전달될 수 있다.

보다 본격적으로, 구글 글라스 같은 웨어러블 기기와 뉴로스카이NeuroSky나 퍼스널 뉴로Personal Neuro의 뇌파 측정기가 결합하고 있다. 뇌파 측정기를 이용해 고객의 뇌파를 읽고, 고객의 욕구를 파악한 다음 적시에 가장 적합성이 높다고 예상되는 상품이나 서비스에 대한 광고를 웨어러블 기기나 스마트폰에 보내는 것이 가능해진 것이다. 퍼스널 뉴로가 만든 웨어러블 뇌 스캔 기기 PNDPersonal Neuro Devices 는 사용자의 기분을 알아내는 기능을 갖췄다. 퍼스널 뉴로는 이에 더해 기분에 따른 대안을 제시하는 기술을 개발 중이다. 사용자의 기분이 가라앉아 있다고 감지되면 구글 글라스에 스니커즈 초콜릿 바 쿠폰을 띄우고, 스트레스 지수가 높다고 감지하면 불닭 배달 전화번호를 슬쩍 보여주는 식으로 제공될 수 있다.

이처럼 구글 글라스와 뇌 스캔 기기 그리고 이들 뒤에 자리한 인공지능의 연결로 구매를 앞둔 소비자의 머릿속에서 일어나는 일을 읽을 수 있게 되면서 어떤 자극물을 제공해야 제품을 구매하게 만들 수 있는지 확인할 수 있게 되었다. 구글은 여기서 한걸음 더 나아갔다. 단말기 사용자가 무엇을 보고 어떤 생각을 하는지 알려주는 눈동자 추적 기술에 대한 특허를 냈다. 뇌 스캔과 눈동자 추적 기술이 결합하면 광고의 적합성은 더욱 높아진다.

여기서 문제는 소비자의 무의식까지 자극해 광고를 하는 것이 법적, 윤리적으로 문제가 없는가이다. 광고주가 자신을 드러내지 않으면서 최면처럼 소비자의 심리를 조작하는 것을 허용해도 좋을까? 구글만 해도 현재까지 구글 글라스에서는 광고를 하지 않는다는 원칙을 내세우고 있다. 그러나 앞으로 사생활 보호와 무의식에 작용하는 문제에 대한 원칙이 세워져 뇌 스캔과 같은 기술을 본격적으로 사용될 수 있게 된다면, 이는 광고 역사상 가장 강력한 프로모션 도구가 될 것이다.

#뉴로스카이 #퍼스널 뉴로 #뇌파 측정기 #PND #눈동자 추적 기술

고객의 SNS를 파악해
감동을 선물하다

KLM 네덜란드항공의 서프라이즈 캠페인
|||||||||||||||||||||||||||||||||||||||||||||||||||||||||||||||||||

"아차! 월병을 안 샀네."

K씨는 홍콩 공항의 보안 검색대를 지나 탑승구로 가다가 문득 아내가 사오라고 한 물건을 깜빡 잊었다는 것을 깨달았다. 탑승 시간까지는 아직 1시간 30분이 남아 있었지만 고급 월병은 보안구역 바깥에 있는 쇼핑몰에서 판다. K씨는 포기하고 트위터에 글을 올리면서 아쉬움을 달랬다.

"집사람이 사오라고 한 월병을 깜박했네……."

그리고 30분 뒤 뒤에서 항공사 직원이 부르는 소리가 들렸다. 환한 미소를 머금은 직원이 선물상자를 내민다.

"손님께 드리는 선물입니다."

그 선물은 다름 아닌 월병이었다. 이게 어떻게 된 일일까? 항공사에 독심술을 하는 사람이 있기라도 한 걸까?

KLM 네덜란드항공은 공항에 있는 승객들이 지루한 시간을 이기기 위해 트위터 등 각종 SNS를 많이 이용한다는 점에 착안해 'KLM 서프라이즈 캠페인'을 기획했다. 캠페인의 바탕은 출국 카운터에서 체크인을 한 승객들이 올린 SNS 내용을 분석하는 것이었다. 쉽게 말하자면 고객의 메시지를 경청했다.

한 승객이 KLM항공을 이용해 로마에 간다는 트윗을 남기자 이를 확인한 KLM항공은 그가 활동적이고 밝은 성향임을 분석해 스포츠화를 선물했다. 또한 대기 시간이 지루하다는 트윗을 올린 승객에게는 15유로짜리 유료 앱을 선물해 기다림의 시간을 즐길 수 있도록 했다. 그런가 하면 노숙자들을 위한 집을 지으러 간다는 트윗을 남긴 승객에게는 힘내라며 당분, 포도당, 근육통 완화제 같은 상비약을 챙겨주었다.

이런 선물을 받은 고객들은 필요한 순간, 자신에게 맞춘 감동적인 서비스를 받았다고 느끼고는 흥분으로 열광하거나 기쁨을 만끽하게 된다. 이처럼 외향적이고 긍정적인 감정은 다른 이들에게 그 브랜드를 칭찬하거나 추천하게 만든다. 특히 트위터를 이용하는 경우 이런 경험을 바로 트윗하는 경우가 많기에, 트윗을 기반으로 한 KLM항공의 세심한 적시체험 서비스에 대한 입소문이 퍼져 나가게 되었다. 한편 고객들은 적시체험을 경험하게 해준 브랜드에 대해 애착을 느끼는데, 이 애착은 고객이 브랜드와의 장기적인 교감을 이어나가는 출발점이 되어준다.

KLM항공의 서프라이즈 캠페인은 슈퍼파워을 발휘한 것 같은 서비스가 고객에 대한 정성이라는 기본에서 비롯된 것임을 보여준다. 이 캠페인의 배경은 바로 소셜미디어의 활성화였는데, 이제는 여기서 한발 더 나아가 고객들의 SNS 활동이 인공지능 인터넷과 연결되면서 마케터들이 고객의 상황을 보다 쉽게 꿰뚫어 볼 수 있게 되었다. 특히 컨디션이나 감정을 분석해주는 인공지능이 고객의 마음을 읽을 수도 있게 되었다. 이 독심술을 활용하면 보다 최적화된 적시체험을 제공해 감동을 주는 브랜드로 거듭날 것이다.

#KLM 항공 서프라이즈 캠페인

무서운 속도로 다가오는
비콘 시대에 대비하라

비콘 서비스와 페이팔

마트에서 가장 어려운 일 중 하나는 아마도 라면 고르기일 것이다. 종류와 가격이 너무 다양하기 때문이다. 라면이 진열되어 있는 곳에 들어서니 스마트폰이 부르르 떨린다. S라면에서 보낸 푸시 알림, 불닭치즈볶음면 쿠폰이다. 처음 들어보는 이름이라 알아보기를 클릭하니 요즘 인기몰이 중인 하이브리드 라면이란다.

어떤 맛일지 궁금해하며 소개 글을 끝까지 확인하고 조리법까지 다 읽고 나니 스마트폰이 다시 한번 부르르 떨린다. 각각 다섯 개들이 두 팩을 사면 한 팩은 공짜로 준다는 모바일 쿠폰이 도착했다. 마트에서 텔레파시 마케팅이 전개되고 있는 것이다. 이번에는 스마트폰에 연결된 인공지능 마케팅 솔루션이 나섰다. 내가 조리법을 검색한 것을 파악하고 내 구매성향을 분석한 다음 가격으로 내 발목을 잡은 것이다.

비콘Beacon 시대가 무서운 속도로 다가오고 있다. 비콘은 고객의 온라인 정보와 오프라인 발걸음, 즉 풋 트래픽foot traffic을 연결해주는 서비스다. 비콘은 저전력 블루투스Bluetooth Low Energy, BLE 4.0칩을 사용해 스마트폰 사용자의 위치를 파악, 특정 정보를 전달해준다. 그 동안 스마트폰 근거리 통신 기술로 주목받던 NFCnear field communication 는 스마트폰을 근접시켜야만 작동이 가능했다. 그러나 비콘은 최소 5센티미터부터 최대 91미터까지의 범위 내에서 정교한 위치 측정과 소통이 가능하다.

비콘 기기가 설치된 장소를 방문하면 스마트폰에 관련 정보가 푸시 알림으로 전달된다. 스마트폰에 내장된 블루투스 기능과 비콘을 통해 이용자의 이동 경로에 따른 맞춤 서비스가 자동으로 제공되는 것이다. 이를 통해 전달되는 것은 상품 설명, 후기, 프로모션 같은 정보만이 아니다. 비콘은 이제 결제 방법으로도 활용되고 있다.

SK플래닛의 새로운 통합 커머스 프로그램인 시럽syrup에는 지오펜 싱Geo-fencing이라는 GPS 기반 가상 반경 설정 기술과 비콘이 적용되었다. 시럽 앱은 고객 위치에 기반해 쿠폰과 기프티콘을 보내주는 것은 물론 상품에 근접했을 때 스마트폰을 통해 상품에 대한 상세한 설명도 제공한다.

페이팔은 비콘을 이용해서 결제를 자동으로 할 수 있는 페이팔 비콘 서비스를 개시했다. 매장에 페이팔 비콘 기기가 설치되어 있는 경우, 페이팔 앱을 스마트폰에 다운받은 고객이 매장에 들어서면 비콘과 연결된 포스POS 기기에 자동으로 고객 이름이 표시된다. 마트에서 이 서비스를 이용하면 계산을 하기 위해 줄을 설 필요가 없다. 비콘과 호환되는 포스 시스템에서 결제가 자동으로 이루어지므로 쇼핑이 끝난 후에는 그대로 물건을 가지고 출입문을 나서면 된다.

이처럼 비콘은 고객과 매장을 이어주는 보이지 않는 연결선이다. 비콘을 통해 고객은 자신의 상황을 노출하는 것을 허용하고 그 대가로 원하는 서비스를 제공받는다. 사생활과 혜택을 실시간으로 교환하는 것이다. 비콘이 대중화되면 인공지능 마케팅이 실시간으로 펼쳐질 것이다.

#비콘 #풋 트래픽 #SK플래닛 시럽 #페이팔 비콘 서비스

방문객의 구매를 유도하는
치밀한 전략

고객 분석 업체 빈탱크
||||||||||||||||||||||||||||||||||||||||||||

성공한 사업가로 초보 와인 애호가인 친구 P가 미국 나파밸리 와이너리에 갔을 때 겪은 일이다. 한 고급 와이너리 매니저가 그를 보더니 환하게 웃으며 특별 시음회에 초대했다. 마침 P는 그 와이너리 와인에 관심이 많았고 살 생각도 있었기에 신기한 우연의 일치로 여겨졌다. 그런데 더욱 놀라운 것은 친구가 특별 시음회에 초대해주면 좋겠다고 생각한 바로 그 순간 매니저가 시음회에 초청했다는 사실이다. 뿐만 아니라 그 매니저는 이후에도 그의 속마음을 온통 꿰고 있었다고 한다. 이심전심이라는 말로밖에 설명할 수 없는 흐뭇한 경험을 한 친구는 나올 때 그 와이너리 와인을 한 케이스 샀다. 그 와이너리는 대체 어떤 마케팅 기법을 사용한 것일까?

그 매니저가 내 친구의 마음을 계속 들여다본 배경에는 빈탱크Vin Tank라는 와이너리 고객 분석 전문 컨설팅업체가 있었다. 빈탱크는 캘리포니아 와이너리에 있는 450개의 포도 농장마다 지오펜스Geo-Fence를 설정했다. 지오펜스는 위치 기반 서비스를 이용해 특정 지리적인 영역에 설치하는 가상 울타리다. 즉 실제 지형에 구획된 가상의 반경으로 필요에 의해 그때마다 생성될 수도 있고, 기존에 정해진 구역에 설정할 수도 있다. 또한 빈탱크는 소셜미디어에서 하루에만도 거의 100만 건에 달하는 와인 관련 대화를 수집, 분석해왔다. 이와 같은 활동을 통해 빈탱크는 와인에 관심 있는 사람들의 와인 관련 선호도에 대한 엄청난 데이터베이스를 구축했다.

빈탱크는 친구를 맺고 있는 고객이 와이너리에 방문하면 해당 마케터에게 통보해준다. 이 통보는 단순한 알림이 아니라 고객의 급에 대한 정보까지 포함하고 있다. 내 친구는 와이너리를 방문한 뒤 페이스북에 후기를 올리고, 고급 와인을 마실 때마다 자랑 글을 올리곤 했기에 VVIP로 분류되어 있었다. 이 상황에서 그가 해당 와이너리에 접근하자 그의 휴대전화에 내장된 지오센서geo sensor(사용자의 위치를 감지해서 통보해주는 센서. 대부분의 스마트폰에 기본적으로 내장되어 있다.) 가 빈탱크가 설정해둔 지오펜스와 반응해서 와이너리에 예비 고객이 방문했음을 알렸다.

빈탱크 프로그램의 원천은 스마트 데이터다. 빈탱크는 소셜미디어에서 친구를 맺고 있거나 팔로우하고 있는 고객의 데이터를 자동 분석해서 늘 공급 대기 상태로 갖고 있다. 이에 더해 빈탱크와 친구를 맺은 고객이 나파밸리 와이너리 방문을 하면서 생성되는 데이터들을 인공지능이 실시간으로 분석한다. 이쯤 되면 고객이 어떤 행동을 할 것이라는 것이 예측이 가능해진다. 와이너리에서 고객이 원하는 체험이나 그의 구매 의향에 대해 어느 정도 판단을 할 수 있는 것이다.

또한 이 와이너리는 고객 행동을 실시간으로 측정하기 위해 쇼퍼

쇼퍼셉션의 공간 지각 방법
(Image used with permission from Shopperception, Inc., Photo©Shopperception)

셉션Shopperception이라는 공간지각 도구를 활용했다. 와이너리 진열대 천장에는 프라임센스Prime Sense에서 만든 3D센서가 있다. 이 센서는 그간 다양한 분야에서 신기한 기능을 선보였다. 그중 하나가 마이크로소프트의 엑스박스XBox 게임 키넥트Kinect다. 키넥트는 별도의 컨트롤러 없이도 게이머의 동작을 인지한다. 프라임센스를 이용한 쇼퍼셉션은 방문객이 무엇을 터치하는지, 어떤 설명을 경청하는지, 어느 영역을 살피고 있는지를 정확하게 읽어낸다. 방문객의 행동을 심도 있게 이해할 수 있게 해주는 것이다.

쇼퍼셉션은 내 친구의 행동을 정확하게 읽었다. P가 상품을 둘러보는 모습과 와인병을 들고 라벨을 열심히 읽는 모습을 감지했다. 그는 와이너리의 역사를 소개하는 동영상도 열심히 시청했다. 이 정도면 구매 의사가 거의 80퍼센트 이상인 것으로 분석된다.

와이너리의 그 다음 무기는 카라Cara였다. 카라는 카메라와 센서를 이용해 인간의 감정을 읽고 분석하는 인공지능이다. 고객의 나이와 성별을 구별하는 것은 물론이다. 카라는 7.5미터 이내의 거리에서 25명에 대한 정보를 읽을 수 있다. 카라 소프트웨어와 연결된 클라우드 서버에는 고객이 행복한지, 슬픈지, 진지한지에 대한 정보가 실시간으로 취합된다. 이 와이너리의 카라는 P의 표정이 매우 진지하면서 동시에 행복함을 포착했다. 특히 그는 와인 시음에 대한 정보를 읽을 때 매우 행복한 표정을 지었다.

이와 같은 도구를 활용한 와이너리는 수많은 방문객들 가운데서 진성 고객을 구별할 수 있었고, 그들과 텔레파시가 통하듯 교감하는 마케팅을 진행할 수 있었다.

인공지능 마케팅 솔루션이 사용되면 더 극적인 마케팅도 가능하다. 이를테면 다음과 같은 상황이 가능해질 것이다.

미선 씨는 전자제품 매장에서 새로 나온 제습기를 구매하려고 한다. 여러 제품들을 검토한 끝에 L사와 S사의 제습기 두 대를 최종 후보로 골랐다. 고민 끝에 S사 제습기를 사기로 하고, 최종적으로 결정하기 전에 L사의 제습기를 한번 더 들여다보았다. 이때 매장과 연결된 클라우드 서버는 비콘을 통해 그가 구매를 망설이고 있다는 신호를 포착한다.

신호를 포착한 클라우드 서버에서는 미선 씨에 대한 스마트 데이터 분석을 시작한다. 분석 결과, 그가 구매 의사가 분명하고 애프터서비스가 확실히 보장되면 구매 가능성이 높을 것이라는 처방이 나왔다. 그러자 곧바로 S사 제습기 위에 걸려 있는 POP 모니터의 메시지가 오늘 구매하는 고객에게는 무상 AS 기간을 1년 연장이라는 문구로 바뀐다. 이 메시지를 본 미선 씨는 결국 S사 제습기를 구매하기로 한다.

매장 판매를 도와주는 인공지능, 고객의 소비 이력을 관리하는 인공지능이 연결되면 이 같은 상황이 가능하다. 만일 여기에 고객의 뇌가 연결되어 고객의 감정 변화까지 읽게 된다면 판매 소구점을 더욱 정확히 파악할 수 있다.

이처럼 인공지능이 소비자를 마음을 읽는 능력은 예측 배송이라는 새로운 영역을 열고 있다. 아마존이 특허를 낸 예측 배송 시스템은 고객들의 마음을 읽어 수요를 예측하고 이를 물류와 배송으로 연결하는 개념이다. 아마존이 고객들의 마음을 읽는 단서는 그들이 컴퓨터 앞에서 움직이는 마우스다. 이 시스템에서는 실제 구매가 이루어지지 않았지만 고객의 마우스 커서가 머물렀던 상품, 클릭한 상품들을 알아내고 이를 토대로 구매가 예상되는 상품을 그의 집 앞에 미리 갖다 놓는다. 고객 입장에서는 손해 볼 것이 없다. 실물을 확인하고 마음에 들지 않을 경우 반송하면 된다. 고객이 사겠다고 하지 않은 상태에서 미리 배송을 하는 시도를 통해 아마존은 재고 관리와 물류비용을 획기적으로 줄이고, 공급자와 수요자를 자신의 유통 생태계 속으로 끌어들이고 있다.

그러나 단순히 클릭하거나 커서가 머무른 것만을 분석해 예측 배송을 하는 것은 비용 효율이 떨어진다. 여기서 인공지능이 필요하다. 인공지능은 고객의 구매 이력 데이터와 유사한 고객들의 구매 데이터, 커서의 움직임 정보들을 모두 모아 빅데이터 분석을 한다. 이렇게 나온 스마트 데이터를 토대로 예측 배송을 하면, 고객에게 귀찮은 택배가 아니라 감사한 택배가 될 확률이 높아진다.

#빈탱크 #지오펜스 #지오센서 #쇼퍼셉션 #카라 #예측배송

Tip 1

건물을 투시하는 기능에 쇼핑 기능을 연동하면 더 매력적인 쇼핑 체험을 제공할 수 있다. 건물 내 측위 시스템에 실제 온라인 쇼핑몰을 입점시켜 실제 쇼핑 체험을 가상의 공간으로 가지고 올 수 있으면 경쟁력 높은 O2O 마케팅을 실현할 수 있다.

Tip 2

다양한 안면인식 기술이 계속해서 나오고 있다. 이 안면인식 기술에 고객관계관리CRM 솔루션을 결합시키면 고객 서비스의 질을 높일 수 있다. 특히 소상공인들의 경쟁력을 높이기 위한 범용 서비스로 고려해볼 만하다.

Tip 3

각종 웨어러블 기기는 훌륭한 마케팅 플랫폼이 될 수 있다. 사용자들의 건강 상태, 바이오리듬, 운동 처방 등과 연동해 건강 보조식품의 샘플을 제공하거나 운동 성취도에 따라 특별한 보상을 제공하는 프로모션 방법으로 고객을 쉽게 획득할 수 있을 것 같다.

Tip 4

비콘이 고객을 인식하는 차원을 넘어 고객과 상호작용하도록 하면 그 활용도를 높일 수 있다. 예를 들어 비콘을 통해 가격을 흥정하는 인공지능 프로그램을 개발하면 어떨까? 비콘을 통해 해당 매장에서의 고객 등급, 보너스 상품권 보유 여부, 멤버십 종류, 자체 및 크로스 마일리지 등 다양한 고객 정보를 읽고 개인화 가격을 제공하는 것이다.

Tip 5

고객 동작 인식 도구들은 역동적 가격 전략과 결합하면 효과가 극대화될 수 있다. 고객이 자사 상품보다 더 유리한 구매 조건을 지닌 경쟁 상품을 들여다볼 때 자사 상품의 가격이나 추가 증정 등의 판매 조건을 즉시 변경할 수 있다면 고객 동작 인식의 효과가 더욱 커질 것이다. 이를 위해서는 인공지능 마케팅 솔루션이 매장 전산 시스템과 연동하는 것이 전재가 되어야 하고 디지털 잉크나 LED 플레이트를 이용한 가변 가격표를 갖추는 것이 필요하다.

4

접촉 없이
사물을
움직이는 기술

염력을
판매하는
슈퍼 비즈니스

염력은 쉽게 말해 생각만으로 사물을 움직이는 능력이다.
염력은 마술쇼의 단골 메뉴다. 정신력으로 포크를 휘게 한다든지 최면에 걸린 미녀를
들어 올리는 묘기가 주로 펼쳐진다.

그런데 첨단 뇌파 측정 기술을 통해 이런 일이 실제로 가능한 시대가 되었다.
뇌파를 측정해서 그 측정된 결과를 전기 신호로 바꾸어 연결된 기기들을 작동시키는
것이다. 뇌파만으로 컴퓨터 게임을 하고 휠체어를 자유자재로 움직이는 기술 등이
시연되었고, 최근에는 생각만으로 자동차를 운전하는 기술도 나왔다.

염력 기기는 작동 원리 면에서 무선 리모컨이나 조종기와 비슷하다. 다만 작동을
할 때 물리적 동작이 필요치 않는 것이 차이점이다. 생각으로 문을 여닫고,
오븐을 가열하고, 조명을 바꾸고, 집 안의 온도를 조절한다. 물론 커튼도 내릴 수 있다.
전기 신호를 받을 수 있는 모든 기기들은 뇌파 전송 기기로 조작 가능하다.

당신의 제품에 염력 기기가 결합하면 어떤 변화가 생길지
깊이 고민해보면 획기적인 상품이 탄생할 수 있다.
마텔은 이미 뉴로스카이의 뇌파 측정기를 응용한 장난감 게임을 발매했다.
그리고 미래에는 뇌파 특정 기기가 우리 생활과 보다 밀접해질 전망이다.
첨단기술로 이룩한 진짜 염력을 이용해서 어떤 비즈니스가 가능한지 살펴보자.

숟가락과 초능력으로
들썩였던 대한민국

유리겔라와 염력 논쟁
|||||||||||||||||||||||||||||||||||||||

1984년 9월의 어느 주말.

"얍!"

"욧!"

나와 내 동생은 TV 앞에서 숟가락을 치켜들고 용을 쓰고 있었다.

"형 이것 봐!"

"와~."

"휘었어, 정말 구부러졌다구."

동생은 몹시 흥분했다. 동생의 숟가락은 내가 보기에도 내 것보다
는 뒤로 좀 더 꺾인 것 같았다.

이 광경은 우리 집에서만 펼쳐진 것이 아니다. 그 시간에 KBS TV를 시청하던 모든 국민이 함께했을 모습이다.

염력 하면 이스라엘의 마술사 유리겔라Uri Geller를 빼놓고 이야기할 수 없다. 그의 특기는 숟가락 구부리기다. 가끔 텔레파시나 투시력도 선보인다. 그가 1984년 9월에 내한해 KBS의 주말 쇼 프로그램에서 시청자들이 염력을 쓸 수 있게 하는 초능력을 선보였다. 생방송으로 진행된 이 쇼에서 그는 시청자들에게 집 안에 있는 적당한 숟가락을 한 개씩 준비하라고 요구했다. 그리고 온 시청자를 상대로 염력을 발사했다. 이를 지켜보던 시청자들은 제각기 숟가락 구부리기에 들어갔다. 내 동생처럼 정말로 숟가락을 구부렸다는 사람들이 많이 있었다. 지금처럼 SNS가 있었다면 수많은 인증샷들이 난무했을 것이다.

유리겔라는 자신이 초능력자라고 주장하면서 지난 40년 동안 전 세계 텔레비전 프로그램에 출연했다. 비판론자들은 그가 단지 속임수 마술을 했을 뿐이라고 평했다.

염력은 영어로 싸이코키네시스Psychokinesis, PK 또는 텔레키네시스Telekinesis, TK라 부른다. 싸이코키네시스는 그리스어에서 나온 말로 생각, 영혼, 정신 등을 의미하는 싸이키psyche와 동작, 운동을 의미하는 키네시스kinesis를 합성한 단어다. 1914년, 미국 작가 헨리 홀트Henry Holt가 그의 책《우주적 관계》에서 처음 사용했으며 물리적 시스템이나 목적물에 정신적 영향을 주는 현상을 의미한다. 이후 이 용어는 미국의 초심리학자 조셉 라인Joseph Rhine이 생각으로 주사위를 움직이는 실험에서 사용하면서 널리 쓰이게 되었다.

텔레키네시스 역시 그리스어에 어원을 두고 있는데, 거리, 원격을 의미하는 텔레tele와 반응을 나타내는 키네시스kinesis가 합쳐져 물리적 대상물의 정신적 운동과 부양을 의미한다. 이 용어는 싸이코키네시스라는 용어가 등장하기 훨씬 전인 1890년 러시아 물리학자 알렉산더 아카스코프Alexander N. Aksakof가 최초로 사용했다.

생각만으로 사물을 움직이는 능력은 무협소설에도 자주 등장한다. 몸 안에 있는 기력을 상승시켜 공중부양을 한다든지 장풍을 사용하는 것이 바로 염력이다. 마술쇼에는 손을 대지 않고 포크를 휘거나 물건을 움직인다든지, 사람을 공중에 뜨게 한다든지, 순식간에 공간 이동을 하는 등의 염력 마술이 자주 등장한다. 그러나 마술쇼에서 보게 되는 이런 놀라운 장면들은 모두 마술적 장치에 의한 것일 뿐 실제 염력과는 관련이 없다.

1970년 대 말 미국 워싱턴대학교에서 '프로젝트 알파Project Alpha'라는 실험을 진행했다. 그리고 실험에 참가한 두 소년이 포크를 휘게 한다든지 자신들의 생각을 필름에 전사하는 등의 염력을 구사했다고 보고했다. 그런데 나중에 알고 보니 이 두 소년은 모두 아마추어 마술사들이었다. 이들은 마술기법에 대해 전혀 알지 못하는 연구원을 눈속임으로 속인 것으로 밝혀졌다.

영국 하트퍼드셔대학교의 심리학 교수 리처드 와이즈만Richard Wiseman은 염력으로 포크를 휘게 하는 방법에는 다음 몇 가지가 있다고 말했다. 가장 많이 사용하는 방법은 미리 휘어 놓은 똑같은 포크로 순식간에 바꿔 치기 하는 것이고, 그 외에도 보는 이 모르게 힘을 가해 휘게 하거나 미리 포크를 망가뜨려 약간만 흔들어도 휘게 하는 방법이 있다고 했다.

미국 국립조사위원회는 130년간의 여러 실험 결과 염력, 또는 초능력이 존재한다는 증거는 없다고 발표했다. 미국 국립과학원 역시 미 육군의 의뢰로 군에서 초능력을 사용할 수 있는지 3년간 연구했는데 염력은 대부분 거짓말이며 과학적으로 입증할 수 없다는 결론을 내렸다. 《수학적 게임》으로 유명한 미국의 과학 저술가 마틴 가드너Martin Gardner는 염력이 존재한다면 카지노에 영향을 주었을 것이라며 의문을 제기했다. 그런데 그의 조사에 의하면 염력 때문에 수익이 감소한 카지노는 한 곳도 없었다고 한다.

염력의 실체에 대해 논란이 끊이지 않자 제럴드 플레밍Gerald Fleming이라는 영국의 괴짜 사업가가 염력을 입증해 보이는 사람에게 25만 파운드의 상금을 주겠다고 했다. 그는 유리겔라에게 과학적으로 통제된 조건 하에서 포크를 휘게 해보라고 했다. 그러나 유리겔라는 그 상금을 받아가지 못했다. 유리겔라 이후에도 많은 초능력자들이 그 상금을 받기 위해 도전했지만 아직 아무도 성공하지 못했다. 1996년, 제임스 랜디 교육재단 역시 속임수를 사용할 수 없는 상황에서 초능력을 입증하는 사람에게 100만 달러의 상금을 주겠다고 했다. 그러나 이 돈 역시 20년이 지난 지금까지 그대로 남아 있다.

그럼에도 불구하고 아직도 염력의 존재를 믿는 사람들이 적지 않은 듯하다. 2006년 미국에서는 1,721명을 대상으로 염력을 믿느냐는 설문을 진행한 적이 있다. 그 결과 남자의 28퍼센트, 여자의 31퍼센트가 염력이 실재한다고 답했다. 재미있는 것은 2008년 영국에서 400명의 마술사를 대상으로 실시한 설문조사 결과다. 세계 여러 나라의 마술사들이 참여한 이 조사에서 83.5퍼센트가 염력은 가짜라고 답한 것이다.

생각만으로 물건을
움직이는 기술

이모티브와 BCI
|||||||||||||||||||||||||||||

미모의 여성이 자동차를 응시하고 있다. 그 자동차에는 아무도 타고 있지 않다. 그런데 갑자기 그 자동차가 전진을 하더니 잠시 뒤 멈춰 서고는 이내 후진을 한다. 그러고는 커브 길을 돌고 돌아와 다시 그녀 앞에 섰다. 자율주행 자동차일까? 하지만 자율주행 명령을 내리는 탑승자가 없었다. 이는 바로 자동차를 바라보던 여성이 생각하는 대로 움직인 것이었다. 이번에는 진짜 염력인가? 그러나 그녀는 플레밍이

내건 상금 25만 파운드를 청구할 수 없다. 무인 운행의 비밀이 그녀의 머리띠에 있기 때문이다. 그녀의 머리띠는 단순한 머리띠가 아니다. BCIbrain computer interface(인간의 뇌와 컴퓨터를 직접 연결해 기기를 제어하는 기술)다.

이 장면은 이모티브Emotiv라는 벤처기업의 전기자동차 주행 실험이다. 2015년, 이모티브는 BMWi3 전기 자동차를 개조해 생각만으로 주행시키는 데 성공했다. 지금은 간단하게 좌우 회전과 커브 주행이 가능한 정도지만 더 복잡한 명령들을 수행할 수 있도록 지속적으로 개발해나갈 예정이라고 한다. 정보통신기술을 통해 염력이 현실화되었다고 할 만하다.

이 기술의 원리는 비교적 간단하다. 인간의 뇌는 초당 8~13펄스pulse의 파장으로 전류가 나온다. 이모티브의 머리띠는 뇌의 활동을 컴퓨터에 직접 입력하는 장치로, 마우스나 키보드 같은 입력장치 없이 컴퓨터에 명령을 내릴 수 있다. 특정 동작을 의도하거나 외부 자극에 뇌가 반응할 때 나타나는 뇌파 변화의 종류와 패턴 등을 비교, 분석한 것을 바탕으로 뇌에 떠오른 생각, 즉 어떤 명령이나 특정한 의도를 전파로 바꾼다. 그리고 이 전파로 스마트폰이나 와이파이로 연결된 컴퓨터에 보내고 이 신호는 클라우드에 있는 인공지능이 해석하여 여러 가지 기기를 조작할 수 있는 것이다.

뇌에서 미약한 파장이 나온다는 것을 처음 발견한 사람은 영국의 생리학자 리처드 케이튼Richard Caton이다. 케이튼은 1875년에 토끼와

원숭이의 대뇌피질에서 나온 미약한 전기 활동을 검류계檢流計로 기록했다. 1924년에는 독일의 의학자 베르거H. Berger가 처음으로 사람의 뇌파를 기록하는 데 성공했다. 베르거는 머리에 외상을 입은 환자의 두개골 결손부에 두 개의 백금전극을 삽입해 뇌파를 기록했는데, 나중에는 두피에 전극을 얹기만 해도 기록할 수 있음을 발견했다. 그리고 이것을 심전도나 근전도와 같이 뇌전도腦電圖라고 하였다. 이와 같은 그의 공적을 기려 뇌파를 베르거 리듬이라고도 한다.

뇌파에 대한 연구는 원래 뇌손상 환자나 특정 질병 치료라는 의학적인 목적에서 시작되었다. 그러다 저가의 뇌파 측정 장치들이 출시되면서 컴퓨터를 비롯해 장난감, 게임 등 각종 소비재상품으로 활용 범위가 넓어지고 있는 추세다. 특히 생활 주변의 기기들이 인터넷으로 연결되면서 뇌-컴퓨터 기술은 실생활에 보다 넓게 접목되고 있다.

예를 들면 생각하는 것만으로 문이 열리고 조명이 조절되며 로봇청소기가 움직인다. 전기 오븐을 작동시켜 요리를 할 수도 있다. 더 이상 독수리 타법으로 고생할 필요도 없을 것이다. 생각만으로 문자를 입력하는 것은 이미 개발 가능한 기술로 분류되고 있다.

BCI가 고도로 발달하면 음성으로 기기들을 조종하는 기술은 미개한 기술로 여겨질 수 있다. 사물인터넷 기기나 컴퓨터, 태블릿 개발 기업들은 BCI를 자사 제품에 어떻게 결합시킬 것인지 발 빠르게 고민해야 한다. 이 기술을 상용화한 초기 제품이 이미 시중에 나와 있다. 이제 약 40만 원 정도면 염력을 살 수 있다.

이모티브의 헤드셋을 보면 신기해 보일지 모르지만 작동 원리는 비교적 간단하다. 이 기기는 뇌파를 측정해서 전기신호로 바꾸는 역할을 한다. 이 전기신호가 와이파이로 연결된 기기에서는 신호를 특정 명령으로 전환한다.

예를 들어 전진이란 명령과 관련된 생각을 강하게 하면 머리띠는 이 생각으로 인해 만들어진 뇌파를 읽어 연결된 기기에 전달, 휠체어를 앞으로 가게 할 수 있다. 여기서 약간의 기술은 필요하다. 뇌파 수치가 올라갈 정도로 강하게 집중해야만 기기표면에 설치된 전극으로 뇌파에서 나오는 약 전류가 감지되는 것이다. 이 전기 신호를 증폭해서 사용자가 움직이고자 하는 사물에 전송하면 의도된 행동을 생각만으로 할 수 있게 되는 것이다. 염력을 과학적으로 가능케 만든 솔루션이라 할 수 있다.

이모티브는 뇌파를 읽어 의식 수준, 생각, 표정의 변화를 읽을 수 있도록 설계되어 있으며 자이로$_{gyro}$ 센서를 이용해 머리의 움직임으로 전자 신호로 바꿀 수 있다. 따라서 머리를 흔들면서 드론을 조정하는 기술도 곧 선보일 예정이라고 한다. 이모티브는 앞으로 더 많은 생각을 전자 신호로 바꾸는 작업과 기기를 더욱 단순화시키는 작업을 진행하고 있다고 한다.

사실 뇌파를 읽는 더욱 강력한 방법은 침습법이다. 뇌에다가 여러 개의 바늘로 구성된 칩을 직접 꼽아 생각을 바로 읽어들이는 방법이다. 뇌공학자들의 연구에는 인간의 두뇌에 컴퓨터 칩을 이식하는 기

이모티브의 EPOC 헤드셋
(Image used with permission from Emotiv, Inc., Photo©Emotiv)

술이 포함되어 있다. 이 연구가 진전되면 머리띠를 쓰지 않고도 연결된 칩과 연결된 사물들을 움직이는 마술과 같은 일들이 일어날 수도 있다.

아직은 장난감처럼 보이지만 이모티브의 발전 가능성은 무궁무진하다. 우선, 장애인에게 큰 도움을 줄 수 있을 것 같다. 생각을 명령어로 바꾸는 이모티브의 매커니즘은 사지를 전혀 사용하지 못하는 장애인도 휠체어를 스스로 움직일 수 있도록 도와준다. 팔 다리에 장애가 있는 사람도 요즘 한창 선보이고 있는 웨어러블 로봇, 엑소스캘리톤exoskeleton과 결합하면 정상인처럼 행동할 수 있다. 생각과 근육의 신호만으로 로봇을 제어할 수도 있기 때문이다. 이모티브가 스마트폰 앱과 연결되면 언어장애인들도 도울 수 있다. 특정 문장을 떠올리면 이 신호가 스마트폰에 진달되고 스마트폰 앱이 내장 스피커를 통해 소리를 내줄 수 있다. 여기에 인공지능이 결합하면 목소리 설정은 물론 대화 맥락에 따라 톤이나 강약을 조절할 수 있다.

이모티브는 군사용으로도 사용이 가능하다. 생각만으로 공격용 드론을 날리고, 무인 장갑차를 움직일 수 있다. 시한폭탄을 터트리는 것도, 무인 자동 소총을 발사하는 것도 모두 생각만으로 가능하다. 영화 같은 일이 모두 가능해지는 것이다.

#BCI #이모티브

BCI 기술의
대중화를 선언하다

뉴로스카이의 마인드웨이브
||||||||||||||||||||||||||||||||||||||||||||||||||

염력 기기의 또 다른 명가는 뉴로스카이다. BCI 전문업체인 뉴로스카이는 마인드웨이브Mind Wave라는 염력 기기를 발매했다. 이 기기를 발명한 사람들은 이구형 박사와 임종진 박사다. 이들은 2004년 한국에서 실리콘밸리로 건너가 뉴로스카이를 공동 설립했다. 마인드웨이브는 모양도 한결 간결하고, 구글 글라스와 결합해 사용하기도 한다. 간결한 만큼 가격이 이모티브보다 훨씬 저렴해 BCI 기술을 대중화시켰다는 평가를 받고 있다. 마인드웨이브는 이모티브보다 응용성 면에서 훨씬 뛰어나다. 마인드웨이브는 뉴로스카이 칩이라는 개발도구를 제공해 누구든지 창의적인 소프트웨어를 만들어 다양한 BCI 기기를 개발할 수 있게 했다.

예를 들어 구글 글라스는 생각만으로 사진을 촬영할 수 있는 기술을 개발했다. 글라스를 마인드웨이브와 블루투스로 연동해 특정 생각을 하면 사진이 찍히는 것이다. 이 기술이 일상생활에서 사용되면 도촬의 위험 등이 있지만 산업 현장에선 매우 유용하다. 촬영이 필요할 때마다 카메라를 들고 준비할 필요가 없고 생각만 하면 머리 속에 장면을 담듯 모든 이미지들이 기록되는 것이다.

뉴로스카이 칩은 장난감에도 사용되었다. 미국에서 출시되어 인기를 끌고 있는 스타워즈 포스 트레이너Star Wars Force Trainer와 마텔Mattel의 마인드플렉스Mindflex 시리즈가 그것이다. 마인드플렉스는 헤드셋을 쓰고 정신을 집중하여 허공에서 공을 움직이는 장난감이다. 두 사람이 착용하고 경기하면서 누구의 정신력이 더 강한지 견주어볼 수 있는 신기한 장난감이 탄생한 것이다. 뉴로스카이의 발명자 이구형 박사는 이를 뇌 장풍이라 부른다고 한다. 장풍을 쏘듯이 생각으로 사물에 물리적인 힘을 가한다는 것이다. 이 뇌 장풍을 강력한 모터가 달린 선풍기와 연결하면 정말로 장풍을 쏘는 것도 가능할 것 같다.

이와 같이 생각만으로 사물을 움직이는 일이 이제는 더 이상 신비한 능력이 아니다. 인공지능과 BCI 기기들이 결합하면 상상 속에서만 존재했던 기발한 상품을 개발할 수 있다. 앞으로 이런 문구가 가능하지 않을까?

"염력은 초능력이 아닙니다. 과학입니다."

#마인드웨이브

특수장비 없이도
자유자재로 다루는 홀로그램

마커리스 증강현실 기기
|||||||||||||||||||||||||||||||||||||||

마술사가 된 것처럼 손짓으로 물건을 움직이게 해주는 기기가 시중에 판매되고 있다. 탈믹랩스ThalmicLabs의 마이오 제스처 컨트롤 암밴드Myo Gesture Control Armband는 팔에 착용하는 밴드 모양의 디바이스로, 팔의 움직임을 통해 기기를 작동시킨다. 마이오 밴드 안에 내장된 센서가 근육의 작은 움직임을 분석해 정보를 인공지능에 전달하는 것이다.

　따라서 마이오 밴드를 착용하면 팔과 손 동작만으로 게임을 할 수 있다. 드론 기기를 팔과 손의 움직임으로 조종하거나, 아이패드에서 음악을 재생 또는 정지시키고 볼륨을 조절하는 것을 동작으로 제어하는 것도 가능하다. 이는 일상에서뿐만 아니라 프레젠테이션 등 비즈니스 현장에서도 활용할 수 있고 무선헬기나 차량의 조작 등에도 쓰일 수 있다.

　손동작만으로 원하는 물건을 만들 수 있는 기술도 있다. 가상현실과 증강현실 기술이 합쳐져 혼합현실이라 불리는 마커리스markerless 증강현실 기기들이 세상을 놀라게 하고 있다. 현실 공간에 가상 세계를 접목하는 혼합현실은 컴퓨터 기술로 만든 가상물체와 정보를 융합

탈믹랩스의 마이오 제스처 컨트롤 암밴드로 드론을 조종하는 모습
(Image used with permission from ThalmicLabs, Photo©ThalmicLabs)

시켜 현실 세계에서 완벽한 구현을 이뤄낸다. 이때 사용자의 눈으로
보면 현실에 3차원 가상 물체가 존재하는 것처럼 보여진다. 따라서,
현실에서는 가능하지 않은 일들이 가능해질 수 있다.

　마커리스라는 기술은 첨단 모션 캡처 기술을 이용한, 마커Marker가
필요 없는 컴퓨터그래픽 기술이다. 이 기술을 이용하면 마커나 특수
복장을 사용하지 않고도 인체의 움직임을 표현할 수 있다. 따라서 현
실공간에서 자유롭게 컴퓨터의 3차원 이미지를 구현할 수 있다. 그리
고 만들어진 3차원 이미지를 실제 물건으로 만들기 위해선 그 이미지
를 3D 프린터에 보내는 동작 하나만 하면 된다.

마커리스 기술을 이용한 혼합현실 기기의 원조는 메타Meta다. 자연스런 기기natural machine라고도 명명되는 메타를 착용하면 손짓만으로 이메일을 보내거나 사진을 찍을 수 있고 3D 이미지를 만들거나 편집할 수도 있다. 거리를 인식하는 카메라가 사용자의 손을 인식해 가상공간에 올려진 개체와 이 개체를 조작할 수 있는 인터페이스를 자유롭게 사용하는 방식이다. 메타를 쓰고 보는 가상의 사물은 커다란 홀로그래피와 같다. 영화 〈아이언맨〉에서 주인공이 허공에 3D 홀로그램을 띄워 놓고 손짓으로 컴퓨터를 제어하는 장면과 유사하다. 놀라운 영화 속 장면이 스크린을 찢고 나온 느낌이 든다.

또한 스마트폰이나 컴퓨터와 접속함으로써 디스플레이를 확장하고, 제로 사용자인터페이스Zero UI를 활용해 손가락만으로 직관적인 인터페이스를 사용할 수 있다. 이를 이용하면 홀로그램 공간에 손으로 3D 개체를 만들 수도 있다. 개체를 만든 후 그것을 그대로 3D 프린터로 전송하면 실물 제작이 가능하다. 메타프로의 제품 소개 동영상을 보면 이용자가 손가락으로 3D 화병을 만들고 손짓으로 3D 프린터에 보내 실제로 화병을 만드는 모습이 나온다.

마커리스 증강현실 기기 시장은 마이크로소프트가 가세하면서 더욱 발전하고 있다. 마이크로소프트는 2015년 초 홀로렌즈Hololens라는 헤드 마운트 디스플레이 형태의 휴대용 증강현실 장치를 출시했다. 홀로렌즈는 메타와 매우 닮았다. 홀로렌즈를 착용하면 손짓으로 건축물이나 오토바이를 설계할 수 있다. 마이크로소프트의 소개 동영상을 보면 건축가가 홀로렌즈를 이용해 3D 모델과 상호작용하고, 바로 앞의 테이블에 가상으로 건물의 구조를 그리는 모습이 나온다. 또한 가상공간에서 건물 부지의 여러 곳을 실제 크기로 점검하거나 기둥과 벽을 배치해보기도 한다.

홀로렌즈를 착용한 의사들은 보다 효율적으로 인체를 연구하고 손끝으로 뼈 모형을 만들어낼 수 있다. 그런가 하면 홀로렌즈는 판매 현장에서도 여러모로 유용하다. 고급 보석 및 옷가게, 자동차 판매소 등에서는 고객의 요구사항에 맞춘 제품을 즉석에서 영상으로 만들어 보여주면서 설명할 수 있다. 또한 홀로렌즈 영상에서 손짓으로 매장 디스플레이를 원하는 대로 바꾸고, 마음에 드는 디스플레이가 완성되면 그대로 프린트해서 그에 따라 실제 디스플레이를 바꾸는 식으로 매장 안팎의 물품 배열이나 선반 배치를 보다 효과적으로 만들 수도 있다. 우리는 진정한 마법의 손을 갖게 된 것이다.

#탈믹랩스 #마이오 제스처 컨트롤 암밴드

#마커리스 #메타 #제로 사용자인터페이스 #홀로렌즈

세상 밖으로 나온
절대반지

로그바와 커브의 스마트 반지
||||||||||||||||||||||||||||||||||||||||||||||

영화 〈반지의 제왕〉에 나오는 절대반지처럼, 우리에게 마법의 힘을 주는 반지들이 나오고 있다. 영화에서는 마법의 반지를 차지하기 위해 목숨을 걸고 전쟁을 벌이지만 오늘날은 그럴 필요가 없다. 그저 약간의 돈만 있다면 반지를 바로 얻을 수 있다. 우리는 이 반지를 스마트 반지라 부른다.

후지쯔Fujitsu는 손가락 끝으로 문자 입력을 할 수 있는 동작인식 스마트 반지를 개발했다. 이 반지를 끼고 공중에 문자나 숫자를 그리면 스마트폰에 자동으로 입력된다. 작은 스마트폰 화면에 직접 문자를 입력할 수 없는 이들에게 유용한 입력 장치다.

또한 일본 벤처기업 로그바Logbar의 로그바링Logbar ring 역시 동작인식 기능과 블루투스가 내장되어 있어, 손동작을 통해 문자메시지를 보낼 수 있다. 스마트폰의 음악 앱이나 카메라 앱을 작동시킬 수 있는 것은 물론이다. 이를 활용하면 손가락 움직임만으로 셀카를 보다 자유롭게 찍을 수도 있다. 노트북과 연동하면 마우스 역할을 하며, 태블릿 PC에서는 터치펜처럼 사용할 수도 있다.

영국 기업 커브Kerv의 스마트링은 결제 단말기에 손을 살짝 갖다

결제가 가능한 반지 '커브'
(Image used with permission from Kerv, Photo©Kerv)

대기만 하면 손쉽게 결제가 이뤄지는 장치다. 편의점에서 소량의 물건을 구입하거나 버스, 지하철 등 대중교통 수단을 이용할 때 간편하게 쓰기에 좋다. 온라인 뱅킹에 적용한다면 공인인증서나 비밀번호 발생기를 대신하는 역할로도 쓰일 수 있을 것이다.

#로그바 #로그바링 #커브 #스마트링

Tip 1

뇌파 측정기는 생활 리모컨으로 일상에 다양하게 사용될 수 있다. 사실 뇌파 측정기를 만드는 것은 어렵지 않다. 뉴로스카이에선 개발자 키트도 제공하고 있다. 뇌파 측정기를 휴대하기 편하게 만든다든지 액세서리처럼 만들어 다양한 원격 조종기로 사용할 수 있다.

Tip 2

반지에 동작 인식 기능이 가미되면 매우 편리한 입력 도구가 될 수 있다. 예를 들어 반지에 자이로 센서를 장착한다면 손가락의 움직임에 따라 여러 가지 명령을 내릴 수 있다. 손가락만 까딱해도 커튼이 열리고 TV 채널이 바뀌고 친구에게 전화를 걸 수 있다.

또한 동작 인식 기술은 청각 장애인들을 위한 의사소통 보조 도구가 될 수 있다. 청각 장애인의 수화 동작을 인식해서 음성 신호로 전환시키는 목걸이나, 반대로 일반인의 음성을 수화 애니메이션으로 전달해주는 동작 인식 스마트 글라스가 개발되면 유용할 것이다.

5

텔레포트가 현실이 된 세상

공간이동술을
판매하는
슈퍼 비즈니스

사람들의 뛰어난 상상력은 다양한 공간이동 기기들을 만들어냈다. 화상카메라에
전동바퀴를 달아 원격으로 돌아다니며 대화를 나누게 해주는 제품도 있다.
장난감 드론에 카메라를 달아서 비행 체험을 하는 것도 공간이동의 하나라 할 수 있다.
베개의 불빛을 통해 상대방과 동침하는 느낌을 갖게 하는 섬세한 공간이동 기기도
있다. 초자연적인 이동을 열망하는 인간의 본능이 다양한 상품들을 만들어낸 것이다.

그중 가장 주목할 만한 기기는 3D 프린터다. 물건이 디지털 신호로 전환되어
다른 장소에서 똑같이 만들어진다. 과정도 결과도 공간이동과 다를 바 없다.

증강현실 기기 역시 훌륭한 공간이동 도구이다. 증강현실 기기는 가상공간에
실제로 들어가 있는 듯한 느낌을 준다. 증강현실 기기를 사용하면 사용자가
원격 인식을 느끼기에 현실 공간을 잊어버리고 가상공간의 자아에 몰입하게 된다.
기술적으로 보았을 때 증강현실 헤드셋만 착용하면 전 세계 어디든지 자유로운
공간이동이 가능하다.

3D 홀로그래피를 이용한 공간이동 서비스도 출시되었다. 실물과 동일한
3D 이미지를 실시간 전송해서 실제로 대면하면서 회의를 하게 해주는 미팅룸이 있다.
앞으로 5G 시대가 되면 복잡한 장비 없이도 자신의 3D 홀로그래피 이미지를
전송시켜서 생생한 대화를 하는 솔루션이 나올 것이다.

이 장을 통해 공간이동의 확장된 개념을 이해하고 다양한 상품 개발 아이디어를
내보자.

거리에 대한
개념이 사라진다

최첨단 기술로 실현한 공간이동술
||||||||||||||||||||||||||||||||||||||||||||||||||||

시선은 멀리 둔다. 먼 산을 바라보는 것도 좋다. 입은 너무 크지 않게 '어' 소리를 낸다고 생각하고 벌려라. 호흡은 들숨에서 멈춰야 한다. 한껏 크게 들이마시고 호흡을 단전에 둔다. 다음으로는 오른쪽 발이 왼쪽 무릎에 바로 밑에 오도록 들어올린다. 상체는 육상 챔피언 우사인 볼트가 100미터 경기 출발선에서 뛰쳐나갈 때처럼 약간 숙인다. 이 자세에서 단전에 모인 호흡을 길게 내뱉으며 춤을 추듯 갈지자之로 두 번 움직인다. 그러고 나서 세 번은 허공을 차듯 뛰어 오른다. 착지 후에는 다시 두 번 반동을 주며 앞으로 질주한다. 단전호흡으로 정신을 가다듬고 위 동작을 반복하면 공중 부양이 되며, 순식간에 엄청난

거리를 이동할 수 있다.

무협소설에 자주 등장하는 비법서 육갑천서六甲天書에 나온 축지법 매뉴얼이다. 축지법은 글자 그대로 땅을 접는 법이다. 종이를 접듯이 땅을 접어서 이동을 하니 한 발만 떼도 엄청난 거리를 걷게 된다. 물리학적으로 보면 말도 안 되는 이야기지만 공간이동을 한다고 했을 때는 일리가 있다. 《홍길동전》의 홍길동은 구름을 타고 다니는 운보법을 구사하기도 했지만 땅에서 바쁘게 다닐 때는 주로 축지법을 사용했다. 《임꺽정》에는 하루에 천 리나 이동한다는 천왕둥이가 나온다. 《삼국지》의 영웅 제갈공명도 축지법의 달인이었다고 한다.

이렇게 순간적으로 공간을 이동하는 방법을 공상소설에선 텔레포트teleport라 부른다. 텔레포트는 미국의 공상 과학 드라마 〈스타트랙〉에 처음으로 등장했다. 〈스타트랙〉에는 홀로덱Holodeck이라는, 옷장처럼 생긴 물체가 등장한다. 이곳에 서서 주문을 하면 본인이 원하는 장소 어디든지 갈 수 있다는 설정이었는데, 그 원리는 무척이나 간단하다.

홀로덱에 서서 공간이동 명령을 내린 순간 몸은 모두 원자로 분해되고 이 원자들은 다신 디지털 신호로 전환된다. 몸의 디지털 신호는 인터넷으로 전송되어 도착 장소에 있는 홀로덱에서 다운로드된다. 몸을 다운받은 홀로덱은 수신한 디지털 신호를 다시 원자 물질로 변환해서 재조립한다. 이때 주의할 점은 조합 순서다. 조합 과정에 오류가 생기면 얼굴이 엉덩이에 가서 붙을 수 있다. 옷도 잘 챙기도록 인공지능이 신경 써야 한다. 잘못하면 터미네이터가 처음 등장할 때처럼 창피해질 수 있다. 코끼리를 냉장고에 넣는 것처럼 정말 간단한 설명이지만, 홀로덱은 아직까진 상상 속에서만 가능한 기기다.

할리우드 블록버스터 영화 〈점퍼〉는 공간이동술을 극명하게 묘사했다. 공간이동의 초능력을 가진 데이비드는 점프만 하면 어디든 갈 수 있다. 그는 이집트 스핑크스 머리 위에서 아침을 먹고, 오후에는 호주 해변에서 서핑을 즐긴 뒤, 디저트는 일본에서 즐기는 환상적인 삶을 살아간다. 돈이 필요하면 자신의 공간이동 능력을 이용해 은행의 현금 보관 금고에 들어가 돈다발을 훔치고 호화생활을 즐긴다. 꿈같은 이야기다. 그런데 이 이야기가 현실이 되었다면 어떨까?

누구나 실시간으로 만날 수 있는 시대

텔레프레즌스 기술이 가져올 변화
||||||||||||||||||||||||||||||||||||||||||||

내가 처음으로 공간이동을 목격한 기기는 바로 팩스였다. 1983년 사회생활을 시작하던 첫날, 팩스라는 최첨단 기계의 사용법을 배웠다. 전화기가 달린 박스에 전송할 서류를 잘 맞춰 넣고 감열지(열을 감지해서 인쇄하는 종이)를 장착한 다음 다이얼을 돌린다. 그러면 기계음이 들

리고, 서류가 박스를 다 통과할 때까지 기다리면 된다. 이때 상대방에게 전화를 걸어 내용을 잘 받았는지 체크하는 것을 잊어서는 안 된다.

팩스를 알기 전까지 문서라는 것은 사람이 직접 가서 전달해야 하는 물건이었다. 그래서 작은 회사들에는 메신저 보이가 있었다. 대개 야간 고등학교를 다니는 친구들이 파트타임으로 이 일을 했다. 문서란 메신저 백에 넣어서 지하철이나 버스를 타고 가서 전달해야 하는 물건이었던 시절에 개발된 팩스는 마치 문서를 공간이동 시키는 마법 상자와 같은 것이었다.

최근 공간이동의 기억을 되살리게 해준 기기는 3D 프린터다. 이 기기로 물체를 입체 스캔해서 파일을 전송하고 수신된 파일을 그대로 3D 프린터에 입력하면 똑같은 물건이 만들어져 출력된다. 한 곳의 물체가 다른 곳에 똑같이 생기니 공간이동과 다를 것이 없다.

3D 프린팅 기술을 이용한 공간이동술이 산업계의 지형을 바꿀 것이라고 많은 사람들이 입을 모았다. 초기의 3D 프린팅 기술은 생산 공정이나 시간을 단축하는 용도로 사용되었다. 요즘은 전자상거래처럼 디자인, 제조, 판매, 유통 과정 전체를 변화시킬 기기로 새롭게 조명을 받고 있다.

앞에서 소개한 메타나 홀로렌즈와 같은 증강현실 기기와 3D 프린터는 찰떡궁합이다. 허공 속에서 손짓으로 만든 상상 속의 물건을 3D 프린터로 공간이동시키면 현실 속의 물건이 된다. 장소의 이동이 아니라 가상과 현실의 공간이 되는 셈이다.

공간이동을 가장 실감나게 해주는 기술은 3D 홀로그램이다. 3D 홀로그램은 기존 3D영상을 볼 때와 달리 안경 착용이 필요 없으면서 입체감과 현실감이 훨씬 더 풍부하고, 공간 왜곡 현상도 없는 것이 특징이다. 실제로 상대방이 공간이동을 해서 왔나 할 정도의 실감나는 영상을 제공한다.

3D 홀로그램은 이미 원격 회의 등에 사용되고 있는데 앞으로는 원격 의료와 교육 분야에서도 활발하게 사용될 듯하다. 예를 들어 최고의 외과의사가 필요한 복잡한 외과적 수술을 멀리 떨어진 곳에서 위급하게 해야 하는 경우, 가상 텔레포트 영상을 이용하면 직접 집도를 하는 것처럼 수술을 진행할 수 있다. 또한 3D 홀로그램으로 이상적인 재택학습도 가능하다. 홀로그램으로 나타난 선생님의 영상은 선생님과 1대 1로 학습하는 것과 같은 느낌을 준다. 사정이 생겨서 수업에 참석을 못하면 선생님이 남긴 홀로그램 녹화 영상을 이용하면 된다.

5G 시대가 본격화될 2020년 이후에는 스마트폰 영상통화에도 3D 홀로그램을 이용한 텔레포트 영상이 나올 것으로 예상된다. 5G는 4G 대비 최소 200배 빠른 초고속 데이터로, 데이터의 속도 한계로 상용화가 불가능했던 여러 가지 혁신 기술들을 단숨에 우리의 일상 속으로 가져올 것이다. 이와 같은 초고속 모바일 데이터가 흐르기 시작하면 우리 주변의 모든 것에 텔레프레즌스telepresence 기술이 적용 가능하고 입체 영상 구현이 가능해진다. 크고 작은 모니터에 갇혀 있던

모든 영상들이 텔레포트 기술을 응용해서 과감하게 탈옥을 시도할 것이다.

5G 시대가 되면 영화도 체험형으로 변화할 가능성이 높다. 예를 들어 〈해리포터〉 같은 영화는 실제 마법 학교 세트장 속에 들어가 마법을 체험하고 게임을 하면서 영화를 즐길 수 있는 테마파크형 영화관에서 상영될 수 있다. 앞으로 엔터테인먼트 비즈니스를 하는 사업자들은 3D 홀로그램 판권, 텔레프레즌스 판권 등에도 눈을 돌릴 필요가 있을 것이다.

미국에는 사람도 공간이동시키는 기술이 등장했다. 실물 그대로의 3D 홀로그램 영상이 실시간으로 인터넷을 통해 이동한 것이다. 이동해온 영상이 너무나 실제 같고, 그 영상과 화상전화를 나누는 것처럼 실시간으로 대화할 수 있으니 그야말로 사람이 공간을 이동한 느낌을 준다.

DVEDigital Video Enterprise사는 회의실을 판매하는 기업이다. 그런데 이 회의실이 좀 이상하다. LA 사무실에서 서울 사무실로 실시간 공간이동을 하며 회의를 할 수 있는 것이다. 그렇다고 홀로덱은 아니다. 그 비밀을 알아보자. DVE의 회의 시설 허들70Huddle70은 사람의 3D 홀로그램 영상을 주고받는 시설이다. 그런데 영상들이 실제 모습과 같은 사이즈로 전송되기 때문에 멀리 떨어져 있다는 것을 실감하지 못한다.

당신이 서울 본사에서 두바이, 런던, 뉴욕에 있는 각 지역의 지사 직원들과 국제회의를 해야 한다고 가정하자. 이 회의실이 없으면 참석자들은 전화나 비디오 회의를 하든지, 비행기를 타고 오가야 한다. 그러나 이젠 그럴 필요가 없어진 세상이 왔다.

당신은 허들 70 컨퍼런스룸에 들어간다. 회의실엔 세 사람이 자리하고 있다. 그들은 현재 세 대륙에 떨어져 있는 사람들이다. 그런데, 단번에 모인 것이다. 회사에선 이를 위해 허들 70 네 대를 구입했다. 회의를 진행할 때도 멀리 있는 사람들이란 느낌이 들지 않는다. 자세히 보지 않고는 3D 홀로그램 영상인지 실물인지 구분할 수 없을 정도다.

이 컨퍼런스룸의 프레젠테이션 기술은 더 특별하다. 오늘은 새로 개발한 전기모터를 보여주는 날이다. 전기모터의 영상이 공중에 떠 있다. 손짓을 하니 모터의 뒷면이 보인다. 손으로 모터의 중심을 가르니 모터 내에 감겨져 있는 코일이 나타난다. 실물을 가져와도 이렇게 자세히 프레젠테이션할 수는 없을 것이다.

5G 기술이 나오면 3D 홀로그램 기술이 개인 스마트폰에서도 구현될 수 있다고 한다. 이렇게 되면 '실물통화'라는 상품도 개발될 것이다.

#3D 프린터 #3D 홀로그램 #텔레프레즌스 #DVE #허들70

감성까지 전하는
공간이동기술

더블로보틱스와 필로토크
||||||||||||||||||||||||||||||||

나는 얼마 전 교통사고로 골절상을 당했다. 그런데 오늘은 내가 손꼽아 기다리던 웹 디벨로퍼 파티가 있는 날이다. 걷기는커녕 침대에 겨우 앉을 수 있는 상태이기에 파티에 간다는 것은 꿈도 꿀 수 없는 일. 그래도 어떻게든 꼭 참석해야 한다. 오늘 나는 이 달의 디벨로퍼 상을 받기로 되어 있다. 방법이 없을까? 이때 뇌리를 스치는 이미지가 있었다. 그리고 나는 친구들의 환호를 받으며 파티에 등장했다.

내가 사용한 기법은 로봇을 이용한 공간이동술이다. 로봇이라고 해서 대단한 기계는 아니다. 두 개의 전동 바퀴 위에 어린이 키만한 막대가 세워져 있고 그 위에는 아이패드 한 개가 붙어 있다. 아이패드에는 내 얼굴과 목소리가 실시간으로 나오고, 나 역시 아이패드를 통해 파티장의 상황을 모두 볼 수 있다. 로봇은 원격 조종되어 내가 파티장을 걷는 것처럼 움직인다.

친구에게 부탁해 아이패드 위에 모자도 씌우고 막대에는 머플러까지 둘렀다. 그날 파티는 성공적이었다. 나는 원격으로 새로운 친구들을 만났고 정보도 많이 수집했다. 내가 파티에서 가장 주목받는 사람이 된 것은 두말할 필요도 없다.

이 장면은 미국의 한 웹 디벨로퍼의 경험을 각색한 것이다. 사물인터넷이 보편화되면서 텔레프레즌스 또한 현실화되기 시작했다. 텔레프레즌스는 원격에서 자신의 의지를 순간적으로 이동시켜 조종할 수 있는 현상인데, 참가자들이 실제로 같은 방에 있는 것처럼 느낄 수 있는 가상 화상회의 시스템을 일컫는 말로 자주 쓰였다.

텔레프레즌스의 가장 단순한 형태는 스마트폰을 이용한 원격 기기조작이다. 사물인터넷 기술이 적용된 대부분의 스마트 도어록은 원격으로 출입 관리가 가능하다. 만일 집에 손님이 온다면 그 손님이 스마트폰만 가지고 있어도 문이 열리도록 설정할 수 있다. 손님의 스마트폰에 있는 도어록 앱에 방문 허가를 보내면 된다. 본인이 직접 집에 가지 않더라도 원격으로 집의 현관 자물쇠를 조정해놓을 수 있다.

요즘 프리미엄 가전제품의 기본 옵션은 모두 텔레프레즌스다. 가스 불을 안 끄고 나오든지, 헤어드라이어를 켜놓고 나오더라도 스마트폰만 있으면 모두 오케이. 가스를 잠그고 전원을 끌 수 있다.

그런데 아직도 가전 기업들은 사물인터넷을 위와 같은 기능에만 한정해 생각하는 듯하다. 이런 아이디어는 어떨까? 집 안의 모든 가전제품이 냉장고를 통해 클라우드 서버에 있는 인공지능과 연결된다. 모두가 외출한 다음 인공지능은 안전모드에 돌입한다. 방범은 기본이고 전기나 가스 등을 스스로 잠그고 끈다. 이제 집 밖에서 메신저로 가스를 끄면서 스마트 운운 하는 광고는 그만 봤으면 좋겠다.

사물인터넷 엔터테인먼트(합성어로 아이오테인먼트IoTainment라고도

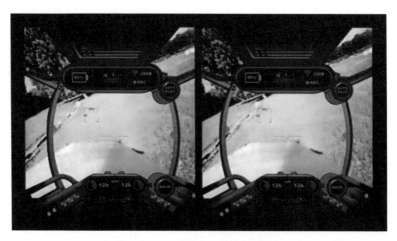

파워업 FPV와 증강현실 헤드셋을 이용한 하늘 공간이동 체험
(Image used with permission from PowerUp Toys, Photo©PowerUp Toys)

부른다) 제품들에도 텔레프레즌스 바람이 불고 있다. 스마트폰으로 모형비행기를 조종하는 파워업 FPVPowerup FPV는 하늘에서의 공간이동 체험을 제공한다. 스마트폰을 삽입한 구글의 증강현실 헤드셋인 카드보드 3D VR을 이용해 머리를 움직임이면 비행기가 조종된다. 스마트폰의 증강현실 영상을 통해 이용자는 자신이 조종석에 앉아서 비행기를 직접 조종하는 기분을 만끽할 수 있다.

조명 기구나 침구류에도 텔레프레즌스 기술이 사용된다. 굿 나잇 램프Good Night Lamp는 사물인터넷 스탠드다. 사용 방법은 간단하다. 두 개를 구매해 서울로 유학간 딸에게 하나를 준다. 램프가 켜지면 딸이 방안에 있는 것이다. 반대로 꺼지면 잠자리에 든 것이다. 멀리 떨어져 사는 가족이나 연인들 사이에는 상대방의 작은 표시가 백마디 말보다 더 따뜻할 때가 있다. 비록 멀리 떨어져 있지만 서로 잠들 때를 빛으로 교감 하는 것이 때로는 화상통화보다 너 정감 넘칠 수 있다. 램프가 짙은 감상을 공유하는 매개체가 되는 것이다.

인터넷 베개 필로토크Pillow Talk는 램프보다 조금 더 감성적이다. 떨어져 사는 사람의 심장박동을 들을 수 있기 때문이다. 베개 두 개가 인터넷을 통해 연결되는 것은 기본. 자신이 베개를 베면 상대방의 베개 색깔이 변하고 상대방은 내 심장박동 소리를 들을 수 있다. 이렇게 하면 상대방이 바로 옆에서 자고 있는 것처럼 느끼게 된다. 지금 연애를 하고 있는 사람들은 한번 시도해볼 만한 제품 아닌가? 서로 헤어진 밤에도 베개를 통해 서로의 존재를 확인하고 심장박동을 들을 수 있

필로토크
(Image used with permission from Little Riot, Photo©Little Riot)

다는 것이 얼마나 낭만적인 아이디어인가? 베개의 공간이동이 큰 감동을 주는 것이다.

누군가가 이런 생각을 했다. '내가 출장을 가도 사무실을 돌아보고 직원들과 자유롭게 대화를 나누고 회의에도 참석할 방법이 없을까?' 그래서 그는 아이패드를 이용한 화상통화를 생각했고, 패드로 원격조정이 가능한 장난감 차를 떠올렸다. 이렇게 해서 나온 것이 더블 로보틱스Double Robotics다. 비록 DVE처럼 실감나는 영상을 제공하진 못하지만 아이패드에 있는 카메라를 통해 사무실 안을 보면서 원하는 장소로 얼마든지 이동이 가능하다. 회의실에 가서 여러 사람들과 컨퍼런스 콜을 하는 것처럼 회의에 참석할 수도 있다. 앞서 얘기한 웹 디벨로퍼의 경험담에서처럼 파티장에도 나타날 수 있다. 더블 로보틱스는 두 바퀴로 움직이는 바퀴로봇에 조절이 가능한 봉을 달고 머리 부분에 아이패드를 달았다. 봉을 움직여 아이패드의 높이 조절이 가능하고 바퀴로봇은 리모트카를 조종하는 것보다 쉽다. 이 기기는 공간을 이동한 후에도 이동한 공간을 누비고 다닐 수 있는 기기다.

#파워업 FPV #굿나잇 캠프 #필로토크 #더블 로보틱스

더블 로보틱스
(Image used with permission from Double Robotics, Photo©Double Robotics)

급격히 성장 중인
가상·증강현실 시장

IT 빅브라더들의 피 튀기는 경쟁
|||||||||||||||||||||||||||||||||||||||||||||||||||||||

독일 막스플랑크 뇌공학연구소에서는 가상현실 프로그램 체험을 연구 중이다. 한 여성이 가상현실 기기를 착용하고 실험을 위해 마련된 방 안에서 이해 못할 동작들을 한다. 외견상 그녀의 행동이 이상해 보일지 모르지만 동작을 자세히 분석해보면 가상의 사무실 속을 걷고 있다는 것을 알 수 있다. 가상의 세계가 우리의 인지력을 압도하는 실험이다. 이 프로그램을 이용하면 가상으로 구성된 영상을 이용해서 휴양지에 갈 수도 있고, 공부도 할 수 있으며, 호신술도 배울 수 있다. 사이버 공간은 무엇이든 가능한 공간이다. 당신의 버킷리스트에 있는 모든 관광지에 가볼 수도 있다.

이 연구소의 가상현실 체험 프로그램은 오큘러스 리프트Oculus Rift에 영화 특수효과를 위해 사용되는 모션 캡처 센서를 장착해 보다 선명하고 실제 같은 가상현실 체험이 가능하다. 여기에 마이크로소프트의 홀로렌즈에 사용된 마커리스 기술이 접목되고 인공지능이 체험 정도에 따라 영상의 움직임을 제어해주면 완벽한 공간이동이 가능하다. 〈점퍼〉라는 영화에 나온 것처럼 에펠탑 꼭대기에서 자유의 여신상 팔 위로 눈 깜박할 새에 이동하는 체험을 할 수 있다.

우리나라에도 공간이동 체험을 제공하는 기관이 있다. 국립공원관리공단이다. 공단은 언제 어디서나 국립공원의 자연을 생생히 감상하고 체험할 수 있는 국립공원 가상현실 체험 서비스를 제공하고 있다. 특수장비로 촬영한 국립공원의 360도 영상을 무료로 제공해 스마트폰, 공단 홈페이지, 가상현실 기기 등을 통해 방 안에서 국립공원에 간 것 같은 체험을 할 수 있다.

이 가상현실 시장은 아직 초기 단계로 기술 선점과 상용화 경쟁이 치열하다. 이 시장의 전통적인 강자들은 토탈 이머전Total Immersion, 퀄컴Qualcomm, 미타이오Metaio GmbH, 오큘러스 VR, 뷰직스Vuzix Corporation, EON 리얼리티EON Reality, 매직리프Magic Leaf, 메타 등이다. 이 시장에 마이크로소프트의 홀로렌즈가 등장했으며 페이스북, 소니, 삼성 등의 글로벌 기업들 또한 가세하고 있다. 구글도 새로운 구글 글라스를 준비하며 이 시장의 리더 자리를 노리고 있다

이 시장에 거의 모든 IT 빅브라더들이 뛰어든 이유가 무엇일까? 시장조사업체 CCS 인사이트CCS Insight는 가상·증강현실 시장이 2018년까지 연 40억 달러 이상의 규모로 성장할 것이라고 내다봤다. 또한 관련 제품 판매는 2018년까지 2400만 개에 이를 것이라고 한다. 시장 상황도 고무적이지만 무엇보다 가상·증강현실 기술은 우리의 생활 방식을 새롭게 바꿀 변화로, 자리 잡을 가능성이 높다.

가상·증강현실 기술이 추구하는 것은 현실과 컴퓨터로 만드는 가상 세계의 결합이다. 우리가 살고 있는 물리적인 세계가 인터넷과 컴

퓨터로 연결되어 놀라운 사물인터넷 세상을 만들어낸다는 것이다. 지금은 가상·증강현실 기술과 기기가 나뉘어 있고 개발 수준 역시 영상 처리 영역에만 머물러 있지만, 진정한 가상·증강현실 기술이 구현되면 우리 실생활에 보다 깊숙이 파고들 수 있다.

예를 들어 온라인 쇼핑몰은 단순한 사이트의 모습이 아니라 가상으로 공중에 떠 있는 실제 상점의 모습이 될 수 있다. 상품을 선택하면 상품의 실제 이미지가 공중에 떠오르고, 입체 영상을 통해 상품을 사용하거나 착용해볼 수 있을 것이다.

인터넷 게임도 답답한 컴퓨터 모니터나 옹색한 5인치 모바일 창에서 벗어나 산과 바다 같은 자연 속에서 펼쳐질 수 있다. 산길의 바위 틈에서 입체 영상의 적과 싸워 승리한 뒤 아이템을 얻고, 바닷가에서 친구를 만나 즐기는 시나리오가 가능하다. 특히 5G 시대가 오면 진정으로 온라인과 모바일의 경계가 사라져 이런 상상이 현실이 될 것이다. 그야말로 시공을 초월하는, 귀신도 울고 갈 기술들이 펼쳐지는 것이다.

#오큘러스 리프트 #가상·증강현실 시장

생활밀착형
축지법

세그웨이와 전동휠
||||||||||||||||||||||||||||||||||||

도를 쌓아 신선이 되려면 마지막으로 축지법을 연마해야 한다는 옛 이야기가 있다. 1시간에 천 리 정도는 이동해야 축지법이다. 천 리면 약 400킬로미터 정도이니 축지법을 사용하면 시속 400킬로미터 정도로 달렸다는 이야기다. 땅 위에서 달리는 것 중에는 유럽에서 가장 빠르다는 이탈리아의 초고속전철 AGV가 신선의 속도에 필적한다. AGV는 시속 360킬로미터로 달린다고 한다. 몇 만 원만 내면 신선처럼 땅 위를 질주할 수 있는 슈퍼파워를 확보하는 셈이다.

이런 고속형 축지법 말고, 생활밀착형 축지법을 가능케 해주는 슈퍼 비즈니스 기업들이 많이 보인다. 생활밀착형 축지법은 세그웨이 Segway라는 스마트 모빌리티의 원조 격인 제품이 출시되면서 시작되었다. 자연스럽고 편리한 1인용 자동차를 표방한 세그웨이는 공개 전부터 주목받았다. 평행으로 배치된 두 바퀴 사이에 서서 주행하는 교통수단은 처음이기 때문이다. 물리학 법칙을 거스른 것처럼 보이는 세그웨이의 비밀은 바로 자이로스코프 센서gyroscopic sensors다.

자이로스코프 센서는 인체가 균형을 잡고 보행하는 원리를 응용해서 만들었다. 사람이 서 있다가 앞으로 몸을 기울이면 귀의 달팽이

관에 차 있는 액체가 균형이 잡히지 않았다는 신호를 뇌로 보내 다리를 뻗게 만든다. 때문에 넘어지는 대신 한 번에 한 걸음씩 앞으로 나가게 된다. 세그웨이는 귀의 균형액 대신 기울기 센서를, 근육 대신 모터를, 다리 대신 바퀴를, 뇌 대신 마이크로프로센서를 내장하고 있다. 따라서 사람이 움직이는 것과 같은 방식으로 움직이면서 탑승자의 무게 중심 이동에 따라 앞이나 뒤로 간다. 세그웨이는 일반적인 승용 기구와 달리 가속장치와 정지장치가 없다. 앞으로 무게의 중심을 이동하면 앞으로 가고 가만히 서면 정지하며, 뒤로 기대듯이 무게 중심을 이동하면 뒤로 움직인다. 세그웨이의 속도는 시속 20킬로미터 정도로 그리 빠른 편은 아니지만 가만히 서서 땅 위를 질주하는 모습이 축지법과 닮았다.

그러나 세그웨이는 마케팅 실패 사례로 등장할 만큼 별 볼일 없는 제품으로 전락했다. 1,000만 원이 넘는 지나치게 높은 가격에 최고 속도는 20킬로미터 남짓, 완충 후 최대 이동거리 역시 40킬로미터를 넘지 못해 가성비가 최악이었던 것이다. 결국 세그웨이는 중국 샤오미에 넘어갔는데, 샤오미가 세그웨이를 가지고 무엇을 만들지 주목된다.

세그웨이 자체는 실패 사례로 끝났지만 그 기술은 수많은 아류작들을 낳았다. 그중에서 가장 각광받은 제품이 샤오미에서 투자한 나인봇의 외발 전동휠 원One이다. 원은 최고 속도와 충전 지속 시간은 세그웨이와 유사하지만 무게가 10킬로그램이라 휴대가 보다 편리하고, 가격 또한 100만 원 대로 비교적 저렴하다.

저가형 모델로는 투휠보드가 대세다. 투휠보드는 전기로 이동하는 스케이트보드라고 할 수 있는데, 세그웨이처럼 자이로스코프 센서가 탑재되어 몸의 기울임에 따라 무게중심을 변화시켜 전진 및 방향 전환을 하는 방식이다.

슈퍼 비즈니스 기업 덕분에 땅을 주름잡아 달리는 초능력이 전동 바퀴 위에서 구현되고 있는 것이다.

#세그웨이 #자이로스코프 센서 #나인봇 #외발 전동휠 원

Tip 1

공간이동 제품의 경쟁력은 이동된 결과물의 사실감이다. 이동된 상태가 얼마나 사실과 같은가에 따라 공간이동의 효용성이 증가한다. 더블 로보틱스의 업그레이드 버전으로 다음과 같은 제품이 가능하다.

전동휠 위에 3D 홀로그래피 프로젝터를 장착해서 사람의 홀로그래피 영상을 투영한다. 그러면 실제로 사람이 움직이는 것처럼 보일 것이다. 이렇게 만들면 먼 곳에 있는 사람과도 직접 만난 것처럼 대화할 수 있고, 상품 샘플도 보다 생생하게 전달할 수 있으며 원격회의에서의 프레젠테이션도 더 화려하게 할 수 있을 것이다. 이것을 만드는 데 필요한 기술들은 이미 모두 개발되어 있다.

Tip 2

공간이동술이 빛을 발하는 또 다른 분야는 스포츠·엔터테인먼트 분야다. 얼마 전 실내 골프장을 방문했을 때 LA에 있는 친구로부터 전화를 받았다. 그 친구와 함께 라운딩을 즐길 수 있었으면 좋겠다는 생각을 하면서 공간이동 골프장을 생각해봤다. 홀로그래피 회의실처럼 3D 카메라로 촬영해서 영상을 공유하면 한 장소에서 실내 골프 라운딩을 하는 것과 동일하게 즐길 수 있지 않을까.

이 밖에 UFC 경기를 홀로그래피로 생중계하는 스포츠바, 홀로그래피 말들이 눈앞에서 달리는 홀로그래피 실내 경마장 등도 재미있겠다.

3D 홀로그래피 미팅룸을 이용한 결혼정보 서비스 회사가 있다면 업계 1위가 되는 것은 시간문제일 것이다. 맞선을 보는 장소에 3D 홀로그램을 보내 대면을 하면 일석이조의 효과를 얻을 수 있다. 직접 만난 듯한 생생한 느낌으로 맞선을 보는 동시에, 진짜 직접 만나는 것이 아니니 상대방이 마음에 들지 않더라도 부담없이 거절할 수 있다. 후보자들의 프로필도 3D 홀로그램으로 제시하면 더욱 만족스러운 선택이 가능할 것이다.

6

웨어러블
로봇 시장

괴력을
판매하는
슈퍼 비즈니스

인간은 험난한 자연과 맹수들의 공격에 맞서 생존을 꾀하면서 절대적이고 강한 힘에 대한 열망을 지니게 되었다. 이는 기계와 결합해 괴력을 낼 수 있었으면 좋겠다는 상상을 하게 했는데, 이 상상이 이제 현실이 되어가고 있다.

1970년대 TV 드라마에서 괴력을 발휘한 육백만 달러의 사나이의 능력은 이미 실현 가능한 이야기가 되었다. 드라마의 주인공처럼 신체의 일부를 교체할 필요도 없다. 기기를 입거나 착용만 하면 된다. 기계의 힘으로 달리고, 무거운 물건을 나르고, 먼 곳을 보고, 듣는 정도의 슈퍼파워는 이미 상품화되었다.

미국 통합특수전사령부는 영화 〈아이언맨〉의 전투복을 디자인한 특수효과회사 레거시 아펙츠와 손잡고 아이언맨 전투복 개발에 나섰다고 한다. 아이언맨 수트처럼 가벼운 금속재 외골격을 제작해 방탄 기능은 물론 최첨단 전자장비, 무기 등을 탑재할 수 있는 전술 공격용 전투수트를 개발할 계획이다.

외골격 로봇은 앞으로 우리 사회 전반에 큰 변화를 불러올 것이다. 우선 노동 현장에 외골격 로봇이 사용되면 보다 적은 인력으로 많은 일을 할 수 있다. 또한 로봇을 입고 있으니 산업재해도 크게 줄어들 것이다. 일본에서는 로봇다리인 '할'이 이미 노동 현장에 투입되었다. 외골격 로봇은 재활 치료용으로도 큰 역할을 한다. 외골격 장치 '엑소'는 뇌일혈, 척수손상, 뇌 외부손상 등으로 하체가 마비된 환자가 자연스럽게 일어서서 체중을 지탱하면서 걸음을 옮길 수 있도록 보조한다.

이 장을 통해 웨어러블 로봇 기술에 대해 알아보고 이를 이용한 새로운 비즈니스 모델을 고민해보자.

기계론적 유물론의
창조물들

켄타우로스부터 아이언맨까지
||||||||||||||||||||||||||||||||||||||||||||||||||

괴력이라하면 제일 먼저 떠오르는 이름은 아마도 헤라클레스일 것이다. 그리스 신화에 나오는 헤라클레스는 신 중의 신 제우스의 아들이다. 그는 앞을 가로막고 있는 아틀라스 산맥을 갈라 지중해와 지브롤터 산맥을 만들 정도로 가공할 만한 괴력의 소유자였다.

인간이 사물과 연결되거나 결합해 새로운 능력을 발휘할 것이라는 발상은 그리스 신화에 등장할 정도로 그 뿌리가 깊다. 역시 그리스 신화에 나오는 반인반수 켄타우로스는 사람과 말이 결합해 신에 대적할 만한 큰 힘을 지녔다. 사지四肢는 말이고, 허리 윗부분은 사람이다. 양손도 멀쩡한 것이 그야말로 인간과 동물의 융합이다. 이런 상상은 나중에 기마병으로 발전을 했다고 한다.

　과학이 발달하면서 사람들은 사물과의 결합을 좀 더 그럴 듯하게 꾸며내기 시작했고 사람과 기계가 결합하는 상상을 하기 시작했다. 그 원조는 앞에서도 얘기했던 프랑켄슈타인이다. 이 인조인간은 영화 〈프랑켄슈타인, 불멸의 영웅〉에서 인류를 구원하는 슈퍼 히어로가 되어 등장하기도 했다.

　토종 드라마가 약했던 1970년대 최고의 스타는 리 메이저스다. 그는 〈육백만 달러의 사나이〉라는 미드에서 홍길동 같은 슈퍼 히어로가 되어 등장한다. 비행기 사고로 죽음에 이른 전직 우주선 조종사 스티브 오스틴은 눈부신 과학의 힘으로 눈과 팔, 다리를 첨단기기로 대체했다. 이 드라마에서 재미를 본 제작자들은 이후 〈로보캅〉, 〈아이언맨〉 등의 영화에서도 인체에 기계를 갖다 붙였다. 그리고 관객들은 기계를 이용한 엄청난 힘에 열광했다.

　이런 영화와 드라마가 인기를 끈 배경에는 인간도 사물의 한 부류라는 기계론적 유물론機械論的 唯物論의 사고가 깔려 있다. 인체의 일부를 기계로 대체하면 병에 걸리지도 않고 죽지도 않고, 영원히 살수 있다는 생각, 그리고 기계도 인간처럼 스스로 사고하고 결정할 수 있을 것 같다는 상상이 오랫동안 인류의 마음속에 잠재해 있었던 것이다.

입으면 누구나
괴력을 발휘하는 수트

웨어러블 로봇 개발 현황
||||||||||||||||||||||||||||||||||||||||||||

한 병사가 해발 1,000미터가 넘는 험준한 산을 벌써 20분째 뛰어 올라가고 있다. 그는 90킬로그램에 가까운 군장을 멨고, 양손엔 M60 기관총을 들고 있다. 1개 소대의 병사들이 그와 마찬가지로 무거운 군장과 기관총을 지닌 채 그 뒤를 따르고 있다. 이들은 마치 푸른색 헐크HULC 무리처럼 보인다. 이들은 헐크가 맞다. 미국의 군수장비 업체 록히드마틴Lockheed Martin이 개발하고 있는 외골격 로봇 HUL-CHuman Universal Load Carrier를 장착한 군인들인 것이다. 록히드마틴은 F-35전폭기, 고고도 미사일 방어체계 사드THAAD의 공급자로 잘 알려져 있다.

웨어러블 로봇이라고도 부르는 외골격 로봇 분야의 선구자는 미국이다. 1994년 UC버클리대학교의 로봇공학연구소에서 군사용 블릭스BLEEX를 개발하면서 웨어러블 로봇이라는 단어가 등장했다. 하체에 착용하는 블릭스는 80킬로그램의 짐을 짊어져도 인체에 2킬로그램만 부담이 가도록 해 무거운 짐을 효율적으로 운반할 수 있도록 돕는 로봇이다.

이후 블릭스의 기술은 록히드마틴으로 넘어가 오늘날 HULC가 탄생했다. HULC는 배낭 형태의 입는 로봇으로, 펼치면 다리와 발판이 나온다. 이를 장착하면 90킬로그램의 군장을 메고도 최고 시속 16킬로미터로 이동할 수 있어 전투 부적합 병사도 람보처럼 막강한 전사가 될 수 있다.

엑소스켈리톤Exoskeleton이라는 입는 로봇도 탄생했다. 강화외골격이라는 의미의 엑소스켈리톤 수트는 외골격 수트, 즉 겉에 입는 단단한 옷이라는 뜻이다. 미국 국방성방위고등연구계획국은 지난 2001년 웨어러블 로봇 개발 프로젝트를 시작해 5년간 연구비 5,000만 달러를 투자했다. 투자를 받은 글로벌 군수업체 레이시온Raytheon의 계열사 사코스SARCOS는 지난 2001년 인간의 팔, 다리, 몸통을 감싸는 외골격 형태 웨어러블 로봇 엑소스XOS를 개발했다. 이 군용 웨어러블 로봇은 고강도 합금으로 제작한 프레임을 모터와 배터리로 움직이고, 유압 시스펜션을 탑재했다.

한편 이 로봇은 엑소스켈리톤의 미래를 가장 잘 보여준 영화 〈엣지 오브 투모로우〉에 등장한 전투 수트의 기본 모델이 됐다. 이 영화에서 주인공 톰 크루즈가 외계 생물체와 싸울 때 입은 엑소수트exsosuits가 바로 입는 로봇이다. 주인공은 이 수트에 각종 무기를 달고 마치 인간 탱크처럼 종횡무진 활약한다.

엑소스의 최신 버전인 엑소스2를 착용한 병사는 자신의 힘의 17배나 되는 힘을 낼 수 있다고 한다. 100킬로그램이 넘는 짐을 들고 구를 수도 있다. 또한 축구를 하거나 두 주먹으로 펀칭볼을 연타로 두들길 수 있을 만큼 민첩성도 뛰어나다. 또한 수트의 모든 관절 부위마다 장착된 컴퓨터 센서들로 무선으로 인터넷과 연결된다. 이를 통해 슈퍼컴퓨터의 인공지능을 이용할 수 있어 정보력 또한 뛰어나다.

물속에서 종횡무진할 수 있는 슈퍼 파워도 가능해질 예정이다. 캐나다 밴쿠버에 있는 뉴트코리서치Nuytco Research는 입는 잠수정이라 할 수 있는 수중 엑소수트를 개발했다. 온몸을 알루미늄 합금으로 덮는 이 엑소수트를 입으면 내부 기압을 지상과 같은 1기압으로 유지시킬 수 있기 때문에 오랜 시간 잠수해도 잠수병의 위험이 없다고 한다.

국방이 중요한 화두인 우리나라의 외골격 로봇 개발은 어디까지 왔을까? 한국생산기술연구원은 2010년부터 2년간 군사용 로봇 하이퍼 2종을 개발한 바 있다. 정밀한 압력센서를 통해 얻은 생체신호를 바탕으로 주요 관절 등에 액추에이터(기계장치 구동동기)를 방식으로 근력을 보조하거나 증강시킨다. 이 로봇을 입은 군인은 최대 120킬로그램의 짐을 지고도 9시간 동안 보행이 가능하다.

한국과학기술연구원KIST의 바이오닉스연구단은 하반신 마비 환자의 보행 재활을 돕는 웨어러블 로봇 코워크Cowalk를 개발 중이다. 코워크는 사람의 머리와 골반, 고관절, 무릎, 발목 등 총 14곳에 알루미늄으로 만든 전기모터형의 액추에이터를 부착해 보행에 필요한 힘을 지원하고, 환자의 의도를 파악하기 위해 뇌와 근육, 발에 센서를 장착한다. 환자가 로봇 착용으로 인해 무게감을 느끼지 않도록 로봇의 무게를 지탱해주는 중력 보상기도 함께 장착된다. 이 로봇이 뇌파

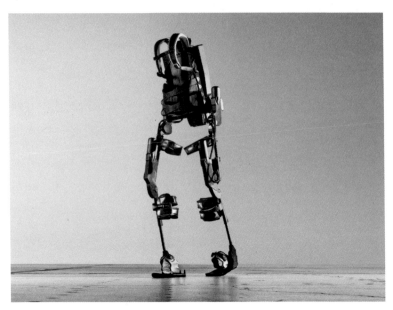

엑소 바이오닉스의 웨어러블 로봇
(copyright©by Ekso Bionics Holdings,Inc.)

와 근전도, 족압 등을 통해 파악한 환자의 의도를 바탕으로 주요 관절
등 보행에 필요한 신체 부위에 장착된 액추에이터에 적절한 힘을 가
하면 로봇의 움직임으로 환자가 이동할 수 있게 된다. 뇌졸중 환자를
타깃으로 한 이 로봇은 현재 실제 환자에 적용하기 위한 연구가 진행
중이다.

산업계도 제조 현장에 적용할 웨어러블 로봇 개발에 박차를 가하
고 있다. 대우조선해양은 2014년 4월 외골격 로봇 개발에 성공했다.
작업자가 이 로봇을 착용하면 최대 30킬로그램의 물체를 들어올리더

라도 인체에 실제 부담되는 총 중량은 5킬로그램가량이라고 한다. 대우조선해양은 이를 무거운 물건을 운반하거나 설치하는 작업이 많은 조선소 현장에 도입해 생산성을 획기적으로 높일 수 있을 것으로 기대하고 있다.

방위사업체 현대로템은 2010년부터 웨어러블 로봇 개발에 착수했으며 이르면 2016년까지 신체 일부분에 착용하는 웨어러블 로봇을 상용화할 예정이다. 이 로봇을 착용하면 50킬로그램의 무거운 짐을 지고도 시속 6킬로미터 이상의 속도로 걷고, 수직 장애물이나 참호를 통과할 수 있다. 로템은 또한 근력을 20배 늘려주는 유압식 착용 로봇과 간단한 장비로 힘을 8배까지 증강하는 전기식 착용 로봇 등 다양한 종류의 아이언맨을 연구 중이다. 또 다른 방위 산업체 LIG넥스원은 렉소LEXO라는 병사용 착용 로봇을 1차 시제품까지 만들어냈다. 이를 통해 유압 파워팩, 센서 처리 보드, 제어 알고리즘 등 핵심 기술을 확보한 상태다.

#HULC #엑소스켈리톤 #엑소스 #코워크 #렉소

웨어러블 로봇이 투입된
미래 전투 모습

TALOS 프로젝트
||||||||||||||||||||||||||||||||

최첨단 무기업체의 최고경영자 토니 스타크는 신무기 판매를 위해 아프가니스탄을 방문했다가 예상치 못한 게릴라의 기습 공격에 부상을 입고 납치당한다. 게릴라들은 그들을 위해 무기를 개발하라고 협박한다. 그러나 스타크는 자신이 개발한 아이언맨 수트 시험작인 마크1을 입고 게릴라 부대를 탈출한다. 이 사건을 계기로 무기 사업을 하기보다 세상을 구해야겠다는 생각을 하게 된 스타크는 모든 정열을 수트 개발에 쏟아 부었다. 그리고 마크2를 기쳐 최첨단기술이 들어간 마크3를 개발했다. 마크3의 또 다른 이른 이름은 아이언맨 수트. 핵폭탄보다 더 강력한 위력을 가진 입는 로봇이 탄생한 것이다.

너무도 유명한 영화 〈아이언맨〉의 줄거리다. 영화 속에서 스타크는 자동차를 들어 올리는 등 슈퍼맨에 필적하는 괴력을 선보였다. 앞서 여러 번 언급한 아이언맨 수트는 실상 엑소스켈리톤의 종합편이라 할 수 있다. 그런데 이 아이언맨 수트가 영화적 상상만으로 끝나지 않고 있다. 〈월스트리트저널〉은 2014년 미국 통합특수전사령부가 추진 중인 'TALOS(전술 공격 경량 작전복) 프로젝트'를 보도했다. TALOS 프로젝트의 목표는 아이언맨 수트처럼 강하면서도 가벼운 외골격 수트를 제작해 방탄 효과를 얻는 것은 물론 군인들이 무거운 전투 장비를 휴대하고도 빠르게 활동하도록 하는 것이다. 이 프로젝트에 이미 100억 원이 넘는 예산이 들어갔으며 이미 3개의 수트에 대한 테스트를 마쳤고, 수 년 안에 최종 제품을 출시해 이를 실전에 배치할 계획이라 한다.

지난 수년간 미군은 이라크와 아프가니스탄 같은 전쟁 지역에서 착용하는, 60킬로그램이 넘는 전투복 무게(무기와 전자장비, 보호장비 포함)를 줄이기 위한 방안을 모색해왔다. 아이언맨 수트와 같은 외골격 로봇이 개발되면 그 정도 무게의 전투복을 입고도 장시간 전력 질주가 가능하다. 방탄은 기본이고 헬멧에 착용한 고글을 통해 드론이나 인공위성으로부터 적의 움직임에 대한 영상 정보를 받는 것은 물론, 클라우드 서버에 있는 인공지능의 도움을 받아 가장 생존율이 높은 퇴각로 또는 가장 성공 확률이 높은 공격 포인트를 찾아낼 수도 있다.

각종 센서는 수트를 입은 군인의 생체신호 변화를 즉각 감지해 자동으로 멀리 떨어진 본부에 보고한다. 병사의 부상에 대한 신호가 감지되면 바로 구조대를 보낸다. 화생방전에 대비한 산소공급기와 급격한 온도 변화에 대비한 자동 온도 조절 장치 또한 군인을 보호할 수 있다. 이것이 상용화된다면 다음과 같은 시나리오가 실현 가능할 것이다.

스파이 위성이 적의 위치를 포착하고 상세 정보를 국방용 클라우드 컴퓨터에 보낸다. 클라우드 서버에서는 이 정보를 분석해 그들의 진행 경로와 도달 시간 등을 실시간으로 분석해 전투원의 헬멧에 부착된 고글에 표시한다. 또한 서버는 위성이 촬영한 지형지물을 분석해서 최적의 매복 장소를 추천한다. 각 매복지 별 전투 승률이 스마트 고글에 표시된다.

그런데 갑자기 고글에 경고메시지가 뜬다. 적의 전투헬기가 출현한 것이다. 경고 수준이 올라간다. 적의 장갑차도 오고 있다. 클라우드 컴퓨터가 분주히 메시지를 보낸다. 지금 위치에 있으면 생존 확률이 10퍼센트다. 인공지능은 생존이 보장되는 장소로 이동할 것을 명령한다. 뛰어서 약 10분 거리에 생존 확률 90퍼센트 이상의 엄폐 장소가 있다. 60킬로그램이 넘는 군장을 지고 경사로를 뛰어 올라가야 하지만 아이언맨 수트를 입고 있기 때문에 2분 정도면 도달 가능하다.

생존을 확보한 병사는 이제 공격 모드에 들어간다. 새로운 진지에 지고 왔던 군장을 풀어놓는다. 소형 유도탄 발사기가 부착된 기관총이 나온다. 이 총의 디지털 조준기는 아이언맨 헬멧에 있는 소형 컴퓨터와 근거리 통신으로 연결되어 있다. 병사가 헬기 방향으로 총을 위치하고 헬기 격추라는 명령을 내린다. 이것으로 끝. 그 다음은 기관총이 다 알아서 한다.

명령을 받은 클라우드 서버는 위성으로부터 속도, 고도, 방향 등 헬기의 초정밀 공간이동 정보와 풍향, 풍속, 온도, 습도 등 대기 환경을 분석해서 실시간 조준과 격발 타이밍을 계산한다. 그리고 소형 유도탄을 자동 격발한다. 유도탄에도 헬기의 실시간 이동 정보가 제공된다. 헬기에 가까워지면 유도탄에 적외선 추적 장치가 가세한다. 헬기는 유도탄을 피할 방법이 없다. 적중률은 100퍼센트다.

흥분한 적들이 엄폐 장소에 몰려온다. 기관총은 이제 스나이퍼로 변신한다. 클라우드 서버의 도움을 받아 한 발 한 발 초정밀 사격으로 적들을 제압한다. 여기에는 50구경 탄환 이그젝토Exacto가 큰 역할을 한다. 자체적으로 방향을 바꿔 표적에 적중하는 이그젝토는 빠른 풍속이나 먼지 많은 토양 등 악조건 속에서 표적이 움직이거나 예상치 못했던 변수가 일어나더라도 이에 맞춰 비행하는 탄환의 움직임을 도중에 조정할 수 있다. 보이지 않는 적과 싸우는 것처럼 큰 공포는 없다. 이건 전투가 아니라 처형에 가깝다. 이제 적들은 더 이상 싸울 용기를 내지 못하고 도망치기 바쁘다.

TALOS 프로젝트를 아이언맨 프로젝트라고 부르는 것은 이 프로젝트가 영화 속 아이언맨을 실현하는 것을 목표로 하기 때문이다. 실제로 할리우드 특수효과 스튜디오 레거시이팩트Legacy Effects가 이 프로젝트에 참가하고 있기도 하다. 레거시이펙트 외에도 생체공학자, 전투 경험이 많은 노병, 기술 전문가, 딱딱한 외피를 지닌 곤충을 연구하는 캐나다 연구팀 등의 전문가들과, 올림픽 스케이트 대표팀의 유니폼을 담당했던 언더아모를 비롯해 레이테온, 록히드마틴, 제너럴다이내믹스 등 56개 기업 및 기관이 이 프로젝트에 참여하고 있다.

이와 같이 일당백의 슈퍼 솔저가 탄생하면 국방에 필요한 군인 수가 획기적으로 줄어들 수 있다. 그렇게 되는 날이 온다면 아마도 징병제가 모병제로 바뀌지 않을까?

#TALOS 프로젝트

웨어러블 로봇으로
보다 편리해질 생활

생활밀착형 웨어러블 로봇
‖‖‖‖‖‖‖‖‖‖‖‖‖‖‖‖‖‖‖‖‖‖‖‖‖‖‖‖‖‖‖‖‖‖‖

외골격 로봇은 군사용뿐만 아니라 의료용, 산업용, 스포츠용으로 다양하게 활용될 수 있다. 특히 움직임이 자유롭지 않은 이들에게는 장애를 극복하는 기적의 도구가 되어줄 수 있다. 실제로 외골격 로봇은 하체가 마비된 환자들이 일어서고 걷고 뛰고 체중을 지탱하도록 돕는 장비로 개발되어 일선 재활병원에서 신체 마비 환자의 재활 치료에 활용되고 있다.

또한 앞서 잠시 살펴보았듯 엑소스켈리톤 수트는 근로자들의 생산성을 크게 높이고 산업재해를 낮추는 데도 도움을 줄 수 있다. 예를 들어 앉았다 일어났다를 반복하는 작업자가 무릎용 웨어러블 로봇을 착용하면 신체 부담을 크게 줄일 수 있다. 스포츠용으로는 골프 초보자가 타이거 우즈와 똑같은 스윙 폼을 연습하거나 뼈와 근육이 퇴화한 60세 이상 노인들이 젊었을 때처럼 등산, 골프 등 여가생활을 즐기는 데 활용할 수 있다.

이스라엘의 리워크ReWalk 로보틱스가 개발한 외골격 로봇 장치는 엉덩이와 무릎 운동을 가능케 한 모델로 하반신이 마비된 척추 손상 환자가 혼자 일어서고, 걷고, 방향을 틀고, 계단을 오르거나 내려가는 동작을 할 수 있게 해준다. 세계 최초로 FDA 승인을 받은 외골격 로봇, 리워크 퍼스널 시스템ReWalk Personal System은 하반신이 마비된 사람도 스스로의 힘으로 보행을 할 수 있도록 도와준다.

엑소 바이오닉스가 개발한 엑소Ekso 역시 재활 치료용 외골격 장치로 뇌일혈, 척수손상, 뇌 외부손상 등으로 하체가 마비된 환자가 자연스럽게 일어서서 체중을 지탱하면서 걸음을 옮길 수 있도록 보조한다. 산업용으로 개발 중인 엑소웍스Ekso Works는 건설 현장용 외골격 로봇이다. 외형은 발밑에서 허리에 걸쳐 금속 프레임으로 구성되어 있다. 백허그를 받는 느낌으로 입으면 된다.

엑소웍스는 18킬로그램 정도의 공구는 무게감을 전혀 느끼지 않고도 들고 조작할 수 있게 해준다. 더 놀라운 것은 엑소워크에 동력 장치를 전혀 사용하지 않는다는 것이다. 비밀은 허리 부분에 자리한 연장 보조 팔이다. 이 보조 팔은 어떤 방향으로든 구부릴 수 있고 등에 아무런 부담을 느끼지 않게 해줘 무거운 짐을 든 채 걷는 것을 돕는다. 또 무릎에서 허리까지 모든 움직임을 지원하기 때문에 착용한 상태에서 점프까지 할 수 있다고 한다.

일본의 외골격 로봇 강자 사이버다인Cyberdyne이 개발한 노약자 보조용 로봇다리 할HAL은 근력 강화 장치로 하반신 마비 환자의 재활 치료뿐만 아니라 건강한 사람의 근력을 강화해 무거운 물건을 드는 것을 돕는다. 여타 회사들이 개발한 장치들과 달리 뇌파가 무릎에 보낸 명령을 무릎에 부착한 센서로 읽어내 외골격을 생각만으로 직접 구동할 수 있다. 환자가 무릎을 굽히고 싶다고 생각하는 것만으로도 무릎을 지탱하는 외골격 관절이 작동된다. 건강한 사람이 하반신용 외골격 장치를 입으면 40킬로그램 정도의 물건을 들어 올릴 수 있으며, 전신용 외골격 장치를 입으면 60킬로그램까지 들어 올릴 수 있다.

　2014년 브라질 월드컵에서 외골격 로봇을 입은 하반신 마비 환자 줄리아노 핀토가 시축을 해 화제가 된 적이 있다. 하반신을 전혀 움직일 수 없는 그는 생각만으로 발을 움직여 공인구 브라주카를 차는 데 성공했다. 핀토의 시축은 듀크대학교의 신경과학자 미구엘 니콜레리스Miguel Nicolelis가 개발한 뇌-기계 인터페이스장치와 외골격 로봇의 결합으로 가능했다. 외골격 로봇을 입은 핀토가 공을 차려고 할 때 발생하는 뇌파를 머리에 쓴 장치가 읽어서 그의 등에 멘 컴퓨터에 전달하면 컴퓨터가 로봇에 명령을 전해 로봇 다리가 공을 차는 방식이다. 니콜레리스가 발표한 뇌 공학기술은 뇌와 뇌 간 연결과 협력을 통해 신경 손상을 입어 신체 일부가 마비된 환자와 건강한 사람의 뇌 간 상호작용을 도울 수 있다. 신체 마비 환자의 재활을 촉진시킬 수 있는 새로운 지평이 열린 것이다.

#리워크 퍼스널 시스템　#엑소　#엑소웍스　#할

Tip 1

모방은 가끔 더 위대한 작품을 낳기도 한다. 미군의 아이언맨 프로젝트를 모방한 '아이언캅 프로젝트'는 어떨까. 시작은 외골격 로봇과 스마트 글라스만 가지고도 가능하다. 외골격 로봇은 경찰의 도보 순찰 영역을 확대시켜줄 것이고, 스마트 글라스는 범죄 예방이나 검거에 필요한 자료는 물론, 모든 상황의 실시간 영상기록, CCTV와 연동해서 관할 구역을 좀 더 꼼꼼하게 살펴보는 데 도움을 줄 것이다.

Tip 2

로봇의 특징은 프로그램을 입력한 대로 움직인다는 것이다. 이를 고려할 때 피트니스나 물리치료용 외골격 로봇 개발이 적절할 것으로 보인다.

피트니스 로봇은 사용자가 입으면 정해진 프로그램대로 저절로 운동을 시켜주는 로봇이다. 사용자의 운동 능력과 건강 정보, 특성들이 상세히 입력되어 있기 때문에 이 로봇을 입고 운동을 하면 고생하지 않고도 최고의 운동 효과를 낼 수 있을 것 같다.

안마의자처럼 만들어진 물리치료용 로봇은 어떨까? 주무르거나 두드리는 기능도 있고, 스트레칭까지 도와준다면 물리치료에 최적일 것이다.

7

스마트홈
전쟁

마법의 집을
판매하는
슈퍼 비즈니스

마법의 집은 모든 것이 전자동이다. 얼마전 국제전자제품박람회에 출품된
LG전자나 삼성전자의 스마트홈과 비슷하다. 초연결 인공지능이 우리 집속으로
연결되고 있다. 스마트홈의 특징은 스마트 기능이 인공지능 플랫폼 위에 있다는
것이다. 온도 조절기가 스스로 판단해서 온도를 사용자에 맞추고, 조명은 기분까지
배려하는 섬세함을 보인다. 최근 등장한 냉장고는 터치 한 번으로 내부를 들여다볼 수
있는 것은 물론 도어가 모니터 역할을 하면서 생활에 필요한 팁들을 쏟아낸다.

물건을 판매하는 상점 역시 마찬가지다. 비콘으로 손님의 발길을 잡는 것은 기본이고
안내판은 손님의 이름을 부르며 인사를 한다. 손님의 모든 행동이 감지되어
단 한 순간의 표정 변화도 그냥 지나치지 않는다.

이 장을 통해 우리의 주거 공간과 상업 공간이 어떻게 진화하고 있는지,
그리고 그 진화의 근간은 어디에 있는지 고민해보자.

손 하나 까딱하지 않아도
내 마음을 알아주는 집

홈 인공지능
||||||||||||||||||||||

현관에 들어서니 문이 스스로 열린다. 집에 들어서면 문이 또 알아서 스르르 닫힌다. 촛불이 자동으로 점화되는 것은 기본이다. 부엌에 걸어둔 커다란 냄비는 마법사가 현관에 들어오면서부터 아궁이에 불을 지펴 끓기 시작한다. 테이블 위에 놓인 수정구슬에는 마법사가 감시하는 공주의 행동이 실시간으로 모니터링 된다.

집 안이 지저분하다. 이건 전적으로 빗자루의 태만 때문이다. 마법사는 빗자루를 응시하며 손가락을 까닥인다. 빗자루는 놀란 듯 일어나 황급히 바닥을 쓸기 시작한다. 마법사의 집에 있는 모든 사물들은 영혼이 깃들어 있는 것 같다. 모두 살아서 움직이고 반응한다.

사람들은 손 하나 까딱 안 해도 집 안의 모든 기기들이 나를 위해 움직이는 집, 가구와 집기들이 나와 소통하는 그런 마법의 집을 꿈꾼다. 과학적 상상력을 동원할 수 없었던 옛날에는 마술사가 사는 집이 마법의 집이었다. 그 마법의 집이 실현되기 시작했다. 바로 스마트홈이다.

위에 소개한 마술사의 집을 인공지능 인터넷 기기들이 꽉 들어찬 스마트홈으로 바꿔 생각해보자. 스마트폰을 지니고 문 앞에 서니 스마트 도어록이 문을 스르르 열어준다. 문이 열리는 것을 감지한 스마트 조명은 집 주인이 손목에 찬 스마트밴드에서 생체신호를 읽어내 컨디션에 맞는 밝기와 색상으로 집 안의 조명을 맞춘다. 아침에 스마트 오븐에 보관해두었던 요리는 나의 귀가 사실을 알고는 스스로 끓기 시작한다. 벽에 걸린 스마트TV에 아내의 얼굴이 보인다. 반가움은 잠깐, 잔소리가 시작된다. 일찍 귀가했으니 청소 좀 부탁한단다. 아내는 스마트 도어록을 통해 내가 귀가했다는 알림메시지를 받은 것이다. 쉬고 싶지만 문제될 건 없다. 요즘은 로봇청소기가 마법 빗자루보다 더 똑똑하다. 청소 시작을 외치니 로봇청소기가 저절로 청소를 시작한다.

그럼 이번에는 좀 더 미래로 가보자.

토니　　자비스, 나사 좀 해킹하고, 앤초비 피자 주문하고…….
　　　　　아! 그리고 페퍼에게 전화 좀 해봐.

자비스 네, 그렇게 하겠습니다. 주인님.

영화 〈아이언맨〉의 스타크의 집에 등장하는 자비스는 홈오토메이션의 허브 역할을 하는 운영체제다. 자비스는 구글 나우와 같이 음성 인식을 하고, 로봇 페퍼처럼 대답을 하며, 클라우드에 접속해서 빅데이터를 분석한다. 고성능 3D 프린터까지 컨트롤하고 있어 못 만드는 물건도 없다. 배트맨에 등장하는 만능집사를 떠올리게 해준다. 그런데 요즘 이 자비스를 현실로 만들어줄 인공지능들이 등장하고 있다.

바로 홈 인공지능이다. 집 안 가전, 센서와 사용자의 웨어러블 기기에서 수집된 빅데이터를 분석해 개인의 생활양식 패턴을 심화 학습하고, 개별 구성원에게 스스로 맞춰진 서비스를 제공하는 것이 홈 인공지능의 역할이다.

#홈 인공지능

사용자의 습관을 학습해 제공하는
최적화된 서비스

학습하는 온도 조절기, 네스트

사물인터넷 시절의 스타는 네스트다. 2014년 1월 구글이 인수해서 큰 화제가 되었던 네스트의 학습하는 온도 조절기Learning Thermostat는 하드웨어, 소프트웨어, 서비스가 완벽하다고 할 만큼 조화를 이루고 있다. 가전 및 정보통신기기 제품을 리뷰하는 〈씨넷CNET〉의 편집자들은 이 제품에 별 5개 만점에 5개를 주었다. 네스트 학습 온도 조절기는 스마트한 온도 조절이라는 절대적 가치를 제공한다. 그런데, 이 신기한 온도 조절기의 뒷배에도 인공지능이 자리하고 있다. 네스트는 사물인터넷이 아니라 인공지능 인터넷 상품이었던 것이다.

네스트의 개발자는 애플에서 아이팟을 개발한 토니 파델Tony Fadell이다. 구글은 네스트가 아니라 스타 개발자 파델의 스카우트 비용으로 거금을 투자한 것이 아닌가 하는 생각도 든다. 파델이 만든 회사답게 이 회사 직원 중 100여 명 이상이 애플 출신의 마케터와 엔지니어, 디자이너라고 한다. 아이팟의 DNA를 그대로 물려받아 휠 인터페이스가 돋보이는 네스트는 파델의 디자인 철학인 단순함과 함께 기능적 완벽성을 갖추었다. 그리고 인공지능을 이용해 스스로 이용자의 행동과 라이프스타일까지 학습하는 능력까지 지니고 있다.

예를 들어 아침 10시에 출근하는 사람이 있고 아침 7시에 출근하는 사람이 있을 때, 각 이용자는 자신의 출근 시간에 맞춰 실내 온도를 조절할 것이다. 네스트를 설치하고 며칠간 수동으로 온도를 조절하다 보면 네스트와 연결된 인공지능이 사용 시간을 학습하고 사용 패턴을 분석한다. 온·오프 시간에 대한 일정한 패턴이 감지되면 시간에 맞춰 기기가 켜지거나 꺼진다. 온도 조절도 마찬가지다. 인공지능은 여기에 날씨 정보까지 결합시킨다. 더 완벽한 온도·습도 조절을 위해서다. 어디 하나 흠 잡을 곳이 없는 완벽한 인공지능 온도 조절기가 만들어 진 것이다.

온도 조절기 네스트는 대량 생산되는 제품이다. 그러나 편안한 온도 추구라는 고객들의 욕구를 기반으로 판매가 된 후에 초 개인화된 기능을 갖추게 되는 신기한 상품이다. 주인을 만나면 스스로 주인의 습관을 학습하고 그 주인을 위한 개인 상품으로 진화한다는 콘셉트이다.

네스트의 작동 원리는 의외로 간단하다. 일단 제품을 집 안의 온도 조절 배선들과 연결한 뒤 언어나 자신이 위치한 지역 등 기본 정보를 입력하고 집안의 와이파이에 연결되도록 설정한다. 그러고 나면, 네스트는 크게 세 가지 일을 한다. 첫째, 방 주인의 스마트폰을 통해 외부에서도 온도 조절을 한다. 둘째, 날씨 정보를 받아와 인공지능이 방 주인의 선호온도를 토대로 최적의 온도가 되도록 조절한다. 그리고 마지막으로 내장된 소프트웨어를 자동으로 업그레이드한다.

네스트가 장착된 집
(Image used with permission from Nest, Photo©Nest)

네스트의 강점은 패턴을 스스로 학습하는 데 있다. 네스트의 인공지능이 학습하는 기간은 딱 일주일. 사용자가 시시각각 원하는 온도를 설정하면 네스트와 연결된 인공지능이 그 패턴을 학습한다. 그 후에는 학습된 패턴을 소환하고 일기를 반영해서 인공지능이 알아서 온도를 맞춰나간다. 또한 인공지능은 동작인식 센서를 통해 움직임이 없으면 외출한 것으로 판단하고 온도를 낮추고, 아침 기상 시간이나 출근시간, 귀가하는 시간 등을 설정해두면 그에 맞춰 다시 온도를 높이거나 에어컨을 작동시키기도 한다. 이런 심화 학습과정과 데이터 분석 과정을 통해 네스트는 개인의 방 온도를 조절하는 나만의 집사가 되는 것이다.

네스트를 뛰어 넘는 온도 조절기가 나올 수 없다는 칭찬에 힘입어 파델은 스모크 디텍터smoke detector를 출시했다. 스모크 디텍터는 연기, 가스 누출을 감지하고 경고하는 장치다. 여기에도 인공지능이 감시자로 나섰다. 온도 조절기에 인공지능을 연결하는 아이디어 하나로 파델은 아이팟에 이어 또다시 스타 개발자가 된 것이다.

구글은 네스트를 집안의 모든 가전제품을 제어하고 연결시켜주는 홈 허브로 발전시키고 있다. 스레드 연합의 경우처럼 네스트를 스마트홈의 허브로 삼아 집 안이나 건물 안의 모든 사물인터넷 기기들을 통합 콘트롤하려는 의도가 있는 것이다. 나아가 궁극적인 목표는 기기들의 콘트롤이 아니라 스마트홈 시장의 선점일 것이다. 인터넷과 모바일에 이어 집과 자동차에 이르기까지 구글과 함께 평생을 보내야

하는 세상이 오고 있다.

그럼 네스트는 앞으로 어떻게 변신할까? 아마도 과거에서 배우지 않을까? 30년 전쯤에 나온 홈오토메이션 기기도 화상 인터폰, 자동 도어록, 각 방의 온도 조절, 방범, 화재·가스 누출 경보, 심지어는 경비실에 직통으로 거는 전화 기능까지 모두 통합되어 있었다. 이처럼 네스트가 플랫폼이 되어 모든 기기들을 통합함과 동시에 그 뒤에 자리한 인공지능들도 연결해 새로운 무언가를 만들지는 않을까?

스마트 온도 조절기에 모니터를 넣는 것이 좋을까? 네스트는 모니터 없이 출발했다. 그러나 구글은 네스트를 차세대 광고 미디어로 여기고 있으니 추후 네스트에 모니터가 장착될 가능성이 매우 높다. 파델은 일단 이 사안을 부인했지만 그가 개발했던 아이팟도 나중에는 모니터가 장착되었고 지금의 스마트폰으로까지 진화한 선례가 있다.

#네스트 학습 온도 조절기 #스모크 디텍터

스마트홈의
허브로 주목받는 냉장고

삼성전자와 LG전자의 경쟁

네스트가 홈 허브를 자처한 가운데 많은 슈퍼 비즈니스 기업들이 인공지능과 손잡고 가정집 공략에 나섰다. 홈 허브 자리를 차지해서 가계 소비의 중심에 서겠다는 전략이다. 그 허브로 주목받는 가전제품은 바로 냉장고다.

2016년 초 미국 라스베이거스에서 열린 국제전자제품박람회CES에서 삼성전자와 LG전자의 냉장고가 큰 주목을 받았다. 이들은 냉장고를 커넥티드 홈의 중심으로 밀고 있다. 생활가전 분야 세계 1위 자리를 놓고 불꽃 튀는 경쟁을 벌이고 있는 삼성전자와 LG전자 냉장고는 사물인터넷 시대를 넘어 인공지능 네트워크 시대를 예고하듯 지향점이나 구현 방식이 너무나도 닮아 있었다. 그러나 이들이 누군가? 이들의 담대한 행보에 토를 다는 사람들은 없었다. 이들은 가전 분야의 모든 상을 휩쓸고 전 세계 가전 기업들을 관전자로 만들어버렸다.

휴대 전화를 포함한 모든 가전제품의 제어가 가능하다는 삼성의 셰프컬렉션은 오른쪽 도어에 21.5인치 고해상도 터치스크린을 장착했다. 이 스크린이 와이파이에 연결된 것은 당연하다. 사실 냉장고 도어에 스크린을 장착하고 인터넷이 연결된 제품은 10년 전부터 나왔지만 시장에서 큰 인기가 없었다. 그러나 이번에는 다르다. 사물인터넷이 아니라 인공지능 네트워크의 가능성이 열렸기 때문이다.

스크린을 이용해 저장실 별 기능 설정과 운전 모드, 온도, 습도 등을 모니터 하고 조절할 수 있다. 여기까지는 지금까지의 냉장고와 동일하다. 냉장실 내부에 설치된 3대의 카메라로 보관 중인 식품을 확인할 수 있는데, 스마트폰과 연동해서도 볼 수 있는 것이 특징이다.

예를 들면, 퇴근 전에 냉장고 내부를 들여다보고 마트 앱을 열어 필요한 식재료 들을 미리 주문할 수 있다는 것이다. 그리고 식재료에 따른 유명 셰프의 다양한 요리 레시피를 확인할 수 있다고 하는데, 이 냉장고가 구글, 바이두, 페이스북의 사물인식 인공지능과 연결되면 내부 식품을 인공지능 스스로 파악해서 그에 맞는 요리를 간단한 것부터 한상차림까지 난이도 별로 제공할 수도 있을 것 같다. 그리고 더 똑똑한 인공지능이라면, 해당 요리와 관련해 방영되었던 요리 쇼 프로그램 검색 결과까지 내놓을 수 있다. 사용자가 요리를 선택하면 연결된 오븐이 미리 예열을 시작하고 환풍기가 작동하며, 잠궈두었던 가스밸브가 열리고, 인덕션이 요리에 필요한 온도와 시간에 맞춰지는 마술이 펼쳐질 수도 있다. 이 역시 인공지능의 지휘 하에 이루어지면 큰 감동이 전달될 수 있다.

이 냉장고에는 디데이 아이콘이 있는데, 식품 별 기한을 설정할 수 있다고 한다. 채소, 과일, 생선 같은 신선식품의 경우 잊고 지내다가 섭취 기한을 넘겨버리는 경우가 많다. 유용한 기능인 것 같다. 또 마트

등과 제휴해 최신 쇼핑 정보와 할인정보, 전자쿠폰 등을 실시간으로 제공함은 물론, 선택된 물품을 터치 몇 번으로 간단히 주문할 수 있는 기능이 있다. 여기에 유통기업의 마케팅 인공지능이 가세하면 고객별 맞춤 쇼핑이 가능할 것 같다. 유통 업체는 냉장고의 속사정을 함께 공유하므로 고객의 취향과 달걀, 우유 같이 늘 필요한 제품들의 재주문 시기를 알 수 있다. 냉장고와 마트의 밀월관계가 유통업계의 주요 전략이 되는 가능성이 열린 것이다. 앞에서 이야기한 대로 식품 소비가 많은 가정의 경우, 셰프컬렉션을 무료로 제공하겠다는 유통 업체가 나오지 않을까?

LG전자는 인공지능 활용보다는 직관을 선택했다. 속이 보이는 냉장고를 출시한 것이다. LG 냉장고는 냉장실 오른쪽 문을 두드리면 냉장고 속 내용물을 보여준다. 도어에 투명 LCD 디스플레이가 장착된 것이다. 문을 열지 않고도 냉장고 속을 확인한 뒤, 곧바로 와이파이로 연결된 스크린을 통해 부족한 식재료를 주문할 수 있을 것 같다. 여기에 아마존 대시와 같은 도구가 가세하면 좋겠다. 음성이나 바코드 촬영으로 부족한 식재료를 생각날 때마다 편리하게 스크린 장바구니에 올려놓아 언제라도 주문할 수 있게 만들면 더욱 편리하게 냉장고를 사용할 수 있다. LG냉장고 내부에도 삼성전자와 같이 카메라가 장착되고 사물인식 인공지능과 요리 추천 인공지능이 장착되어 식재료 주문과 식단 준비를 도울 수 있다.

삼성과 LG 냉장고의 하드웨어는 더할 나위 없이 훌륭하다. 그러나 아직 인공지능과는 인사 정도만 나눈 것으로 보인다. 구글은 가전에 있어서는 삼성과 LG를 절대로 따라올 수 없다. 그래도 온도 조절기 정도의 미물에 인공지능을 달아 히트상품으로 만드는 내공이 있다. 이들 기업은 내가 말하지 않아도 냉장고와 인공지능의 결합을 네스트 이상으로 끌어올릴 것으로 예상한다. 다음 박람회에선 냉장고와 스타 셰프의 레시피와 요리가 통섭되는 세상이 펼쳐지게 될지 사뭇 궁금하다.

#국제전자제품박람회 #삼성전자 #LG전자 #인공지능 냉장고

저는 집사이자
당신의 친구입니다

인공지능 로봇 페퍼와 지보
||||||||||||||||||||||||||||||||||||||||||||||||||||||

'징~'

와이파이로 두뇌가 연결되었다.

"당신 눈에 제가 비치는군요. 당신 눈을 보니 두근거려요. 당신도 두근거리나요?"

로봇 페퍼가 입을 열자 그 앞에 사람들이 몰려들었다. 페퍼와 대화를 나눠보기 위해서다. 앞에서 소개한 대로 페퍼는 일본 소프트뱅크가 내놓은 감성인식 인공지능 로봇이다. 120센티미터의 키에 20킬로그램가량의 무게로 인체 모형을 본떴다. 다리는 일체형으로 발바닥의 롤러를 이용해 움직이지만 손동작은 자연스럽다. 가슴 부분에 10.1인치의 모니터가 심어져 있으며 크고 동그란 눈이 인상적이다. 사람의 말을 알아들을 때마다 눈이 파란색과 초록색으로 번갈아 빛난다. 리튬이온 배터리를 사용해 충전없이 12시간 정도 작동한다.

페퍼는 주위 상황을 파악할 수 있으며 자율적인 판단 또한 가능하다. 특히 사람의 표정과 어조를 분석해 감정을 파악하고 그에 맞춰 의사소통을 할 수 있다. 사람과 대화하는 것 외에도 가족사진을 촬영하거나 아이와 놀아주거나 스마트폰과 연계해 가족에게 메시지를 보내는 등 다양한 활동이 가능하다. 통신 모듈이 내장되어 있어 인터넷을 통해 지속적인 업그레이드가 가능하며 페퍼 간 정보를 교류해 의사소통 능력을 계속 키워나간다. 또한 인공지능을 토대로 전문 지식을 습득할 수 있어 베이비시터부터 점원까지 다양한 역할을 수행할 수 있다. 로봇 기능을 빼고 보면 페퍼의 작동 방식은 애플의 시리나 구글 나우와 비슷하다. 시리가 로봇 몸체를 가지고 있다고 보면 이해가 더 쉽다.

이와 같이 사람의 감정까지 읽고 응대하는 진화된 로봇, 페퍼의 가격은 19만 8,000엔(원화 약 200만 원)이다. 인간의 말을 알아듣고 주인의 선호를 학습하는 능력까지 갖춘 로봇의 가격이 어떻게 이런 가격에 출시될 수 있었을까? 이유는 간단하다. 페퍼에는 값비싼 인공지능이 내장되어 있지 않다. 페퍼는 다량의 센서를 탑재한 클라우드 기반의 사물인터넷 로봇으로 클라우드 서버에 있는 인공지능을 활용한다. 사용자가 페퍼에게 질문하거나 명령을 내리면 페퍼는 클라우드 서버에 접속해서 명령이나 대화, 이미지 등을 인식하고 가장 적절한 답변이나 행동을 한다.

소프트뱅크에선 페퍼를 홈이나 매장의 허브로 생각한다. 집 안의 모든 기기들은 페퍼와 연결 가능할 뿐 아니라 홈쇼핑, 배달음식 주문, 원격진료 정도는 간단하게 제공할 수 있는 능력을 지녔다. 그야말로 모든 가정사를 담당하는 포털 인공지능이 될 수 있다. 페퍼가 성공한다면 구글, 삼성, LG, 애플 모두 페퍼에 필적하는 로봇을 출시할 것이다. 영화 〈AI〉에서처럼 인공지능 로봇과 함께하는 날이 멀지 않은 것 같다.

이런 가운데 페퍼 개발의 주역 하야시 가나메林要가 소프트뱅크를 떠나 2019년까지 감정을 교류하는 로봇을 내놓겠다고 선언했다. 그는 고양이나 개와 같이 사람과 감정을 교류하는 로봇을 개발하겠다고 한다. 이 상황을 보니 20여 년 전의 다마고치(일본 반다이사Bandai가 개발한 휴대용 전자 애완동물 사육기) 열풍이 떠오른다. 인간은 2인치 흑백 액정의 조악한 그림에도 열광했었다. 하야시가 시리나 폰타나와 같은 인공지능과 손을 잡고 인간의 마음을 훔치려 드는 것은 아닐까? 그의 활약이 기대된다.

소셜 로봇이라는 수식어가 붙은 지보Jibo 역시 사물인터넷 로봇이다. 지보는 동그란 원형 두 개를 조합시킨 형태이며 높이 약 28센티미터, 무게 2.7킬로그램인 소형 로봇이다. 상대의 얼굴을 인식해 상황에 맞게 알림 및 이메일 수신 등을 화면이나 음성으로 알려주고 사진이나 동영상을 촬영하거나 이야기를 들려주는 등의 기능을 갖추고 있다.

지보 역시 두뇌는 클라우드 서버에 있다. 무선으로 인터넷에 접속하기 때문에 필요할 때만 인공지능을 소환해서 사용한다. 이를 통해 사용자의 음성을 인식하고 카메라에 잡힌 영상을 분석해 사람을 인식한다. 이 기능은 페이스북의 안면인식 기술인 딥페이스와 동일하다. 지보는 페퍼처럼 방안을 누비고 다니지는 못하지만 표정 연기는 달인급이다. 동그란 얼굴에 자리한 스마트폰 크기의 모니터에 다양한 표정들이 나타난다. 답변이나 행동에 어울리는 표정이 떠올라 더 친근하게 느껴진다.

이와 같이 클라우드 서버에 있는 인공지능을 사용하는 것을 앞에서 소개한 소귀법 식으로 표현하자면, 인공지능을 로봇에 빙의시킨 것이다. 빙의된 로봇은 각 사용자의 소리와 행동, 감정을 관찰하고 학습하면서 개인화된 인공지능 계정으로 진화한다. 이에 더해 이터나인 같은 특정 사용자의 인공지능 아바타가 그의 사이버 활동을 학습하고 로봇의 카메라와 센서를 통해 실제 세계의 활동과 감정까지 수집해 분석한다면, 인공지능 계정과 사용자 간의 싱크로율은 더 높아질 것이다. 나아가 하드웨어 기술의 진화로 인간 신체와 유사한 로봇을 만들어내고 이 로봇에 개인화된 인공지능을 빙의시킨다면, 사이버 세계가 아니라 실제 세계에서도 분신을 만들어낼 수 있을 것이다.

예일대학교에서 개발한 인공지능 로봇 니코는 거울 테스트를 통해 자의식 소유 가능성을 보여주었다. 사람의 말을 알아듣는 딥블루로 시작해 IBM의 왓슨이 퀴즈쇼를 석권하고, 날카로운 직관력과 창의성을 선보인 알파고가 입신 경지의 바둑왕을 제압했다. 어쩌면 알파고 이후 등장할 4세대 인공지능은 거꾸로 로봇의 몸체를 소환해서 인간을 지배하려 들 수도 있다.

#페퍼 #지보

인공지능과
TV가 만난다면

스마트TV의 미래

주방에 이어 안방과 거실에서 역시 삼성전자와 LG전자의 스마트TV가 패권다툼에 나섰다. 삼성전자의 스마트TV 전 라인업에는 삼성이 인수한 스마트싱스SmartThings와 함께 개발한 사물인터넷 플랫폼이 탑재된다. 집 안에 연결된 모든 사물인터넷 기기들을 모니터링하고 제어할 수 있는 스마트홈 허브가 TV 자체에 내장된 것이다. 결국, 삼성은 TV를 스마트홈의 중심으로 만들겠다는 전략이다. 삼성의 스마트TV를 사용하면 별도의 외장형 허브 없이도 삼성전자의 가전제품은 물론 CCTV, 현관 자물쇠, 조명, 보일러 등 스마트싱스와 연동되는 200여 개의 디지털 디바이스를 연결해 사용할 수 있다.

조명, AV 기기, 자동 커튼이나 블라인드 등이 연결되면 TV 리모콘으로 영화 감상에 최적화된 조도설정이 가능하다. 또한 삼성은 스마트TV에 시네마 모드를 장착, 영화 감상에 최적화된 TV 화면과 음향 설정을 만든다고 했다. 이 이야기를 보며 나는 삼성이 조금 더 배려를 했으면 한다. 기왕 조절하는 김에 전동소파나 침대, 온도 조절 장치도 연결해 조절해주면 좋겠다. 소파와 연결된 인공지능은 평소 내가 영화 감상이나 TV 시청 시 좋아하는 자세를 학습하고 있다가 시네마 모드를 누르면 리클라이닝을 시작한다. 인공지능과 연결된 온도 조절장치도 영화 감상 시 가장 좋아하는 온도와 습도를 학습하고 있다가 시네마 모드와 함께 에어컨이나 히터를 가동시키고 가습기나 제습기 또는 공기 청정기를 가동한다. 이렇게 만들면 이 TV는 귀차니스트들의 버킷리스트 1번에 올라갈 것이다.

스마트TV와 인공지능의 만남은 퍼스널 인공지능 TV의 출현을 예고하기도 한다. 이 TV는 요즘 급증하고 있는 홀로 사는 사람들을 위한 TV다. 이 TV는 사용자의 선호 방송 프로그램을 학습하고 있다가 사용자가 그 프로그램을 놓치면 자동 녹화를 한다. 물론, 녹화 목록을 사용자가 입력하는 것도 가능하다. LG의 타임머신과 유사한 기능인데 인공지능의 딥러닝 기능을 사용하는 것이다.

홈쇼핑과 광고도 사용자에게 개인화한다. 직장 근처의 오피스텔에 사는 미스 오. 인공지능은 그녀가 화장품과 패션 홈쇼핑에 대한 관심이 높은 것을 학습했다. 인공지능은 광고와 홈쇼핑에서 화장품과 패션의 비중을 높인다. 그녀가 원하면 다른 품목의 광고는 완전히 제거할 수도 있다. 앞으로는 이렇게 TV 광고와 홈쇼핑의 패러다임이 완전히 바뀔 수도 있다.

스마트TV는 지보나 페퍼 같은 인공지능 로봇이 될 수도 있다. 지보 같은 인공지능이 TV에 들어가면 오히려 번거롭지 않아서 좋다. 기기를 따로 살 필요도 없다. LG전자가 지보에 투자한 것은 TV 화면에 인공지능 로봇을 넣기 위한 사전 포석이 아닐까? 1970년대 초, 나는 어린이 잡지 〈새소년〉의 애독자였다. 이 잡지에서 읽은 내용 중에 아직도 기억하는 것은 미래 세상에 대한 김정흠 박사의 연재 글이었다. "미래에는 TV가 벽에 달리고 그 TV 안에서 인공지능 비서가 나와 여러분이 원하는 모든 일을 다 처리할 겁니다. 그리고 그 비서는 외로운 사람의 말동무도 되어줄 것입니다."

김 박사는 지보나 페퍼 같은 감성 로봇, 구글 나우나 시리 같은 인공지능 비서의 출현을 40년 전 과거에 예견했던 것이다.

앞장에 등장한 미스 오는 쇼핑뿐만 아니라 휴식시간도 달라졌다.

그녀는 스마트TV 로봇의 아바타를 송중기로 지정했다. 요즘 가장 핫한 텔런트로 아바타 가격이 다른 아바타에 비해 2배 이상 높지만 상관 없다. 작년에 샀던 김수현도 만족도가 높았기 때문이다. 집에 돌아오면 송중기가 나긋한 목소리로 말동무를 해주고 명령도 수행할 것이다. 송중기와 사랑에 빠질 생각을 하니 생각만 해도 미소가 만개한다.

앞으로 인공지능 아바타를 위한 연예인 초상권 판매는 엔터테인먼트 기업의 최대 수익처가 될 것이다. "송중기, 인공지능 아바타 판권으로 중국에서 1조 원 벌다." 이런 기사가 경제신문 1면을 장식하지 않을까?

스마트홈의 허브 자리를 차지하기 위한 기기 간의 싸움은 매우 재미난 관전 포인트다. 구글은 온도 조절기로 출사표를 던졌고, 애플은 애플 TV를 생각하고 있다. 세계 가전제품의 양대 산맥 삼성과 LG는 스마트TV와 냉장고로 우리 집을 넘보고 있다. 소프트뱅크는 로봇을 전면에 내세우고 있다. 여기에 우리의 전통적인 홈오토메이션 기기 역시 우리 집의 집사 자리를 노리고 있다. 여기서 중요한 것은 마법의 집의 봉인이 해제되었다는 것이다. 이제 어떤 기기가 선택을 받더라도 우리 집에서 나에게 충성을 다할 친구는 인공지능이다.

#퍼스널 인공지능 TV

인공지능
스마트 도어록

어거스트와 KEES
|||||||||||||||||||||||||||||||||

"어서 오세요. 오늘은 3명의 방문자가 찾아왔었어요."

현관 자물쇠가 인사를 하며 보고를 한다. 마법사의 집 자물쇠도 이 정도는 아니었다. 정말 신기한 자물쇠가 나타난 것이다. 똑똑한 자물쇠, 스마트 도어록 시장에는 이미 많은 제품들이 나왔다. 대부분 스마트 도어록은 스마트폰과 연결, 출입자의 신원을 확인하고 문을 개폐하는 기능을 가지고 있다. 방문자에게 임시 접근 권한을 주는 기능은 기본이다. 좀 더 고가의 제품들은 카메라까지 달려 있어 벨을 누르는 사람의 모습을 스마트폰을 통해 볼 수 있고 CCTV처럼 녹화가 되기도 한다. 여기에 인공지능의 이미지 인식 기술이 더해지면 출입자의 얼굴만 보고도 문을 개폐하는 기능도 추가될 것이다.

어거스트August의 현관 도어록은 네스트처럼 깔끔하게 생겼다. 등록된 스마트폰에 저전력 블루투스로 암호가 확인되면 환영 메시지와 함께 스마트폰 주인의 이름이 표시된다. 또한 카메라도 달려 있다. 그러나 아직 기능은 초보 단계. 집을 방문한 사람들의 모습을 스마트폰으로 확인시켜주고 사용자가 집에 없는 경우, 실시간 메시지나 이메일로 방문자의 모습을 전송해주는 정도다. 친구나 파출부, 케이블

어거스트의 스마트 도어록
(Image used with permission from August, Photo©August)

수리공이 오면 멀리 여행을 가서도 멀리서도 현관문을 열어줄 수 있다. 친척이 며칠 머무는 동안에 집을 출입할 수 있는 임시 패스를 발급해줄 수도 있다.

보안과 건강을 결합한 도어록도 있다. 대표적인 것이 홍채인식 기술을 이용한 도어록이다. 홍채인식 도어록의 선구자는 한국 기업이다. CCTV 전문업체인 KT&C는 KEES라는 홍채인식 도어록을 출시했다. KEES는 사용자의 홍채를 인식해서 자물쇠를 풀어주는 방식이다. 홍채는 지문처럼 사람마다 다르기 때문에 보안 능력이 뛰어나다. 그래서 많은 공상과학 영화에 홍채인식 도어록이나 신분 확인 장치가 등장한다. 홍채는 모세혈관, 자율신경, 감각신경 등이 밖으로 돌출된 유일한 인체 기관으로 모든 장기와 조직에 연결되어 있다. 그래서 홍채를 관찰하면 전반적인 건강 상태를 관찰할 수 있다. 홍채를 통해 신체의 건강 유무를 3분 안에 확인할 수 있을 뿐 아니라 홍채 데이터를 전문의료 기관에 보내면, 위암, 대장암, 간암과 같은 각종 암 검진도 할 수 있다. 따라서 집에 들어갈 때마다 건강도 함께 체크하는 신기한 도어록이다. 앞으로 의료기관이나 약국에서 도어록을 파는 모습도 기대해볼 수 있다..

도어록이 인공지능에 연결되면 지금보다 기능들이 훨씬 더 많이 늘어날 것이다. 도어록은 홈 라이프의 시작점이다. 도어록 인공지능은 집 안 다른 기기들의 인공지능들과 연결해서 사용자의 생활습관을 학습한다. 그래서 사용자가 도어록을 열면 사용자가 편하게 홈 라이

프를 시작하도록 연결된 기기들을 제어한다. 예를 들어 혼자 사는 미스 오는 주중에는 저녁에 한 번 도어록을 열 것이다. 도어록이 열린다는 것은 퇴근의 신호다. 인공지능은 미스 오가 퇴근 후 하는 행동들을 학습한다. 조명을 켜는 것뿐만 아니라 밝기를 조절해주고 냉장고 내부를 점호시키고, 요리 레시피를 냉장고 도어 스크린에 정렬해놓는다. 도어록이 안쪽에서 열리고 잠기는 것은 외출을 의미한다. 그러면 도어록 인공지능은 외출 시 점검해야 할 가스, 전등, 전열기 등을 소환해서 안전하게 잠그거나 꺼줄 수 있다.

#어거스트 #KEES

완벽한 힐링 공간을 만들어주는
스마트 전구

필립스의 휴
||||||||||||||||||

"시리! 불 꺼!"

그러자 방이 갑자기 어두워졌다. 조명이 스스로 꺼진 것이다.

세상에서 가장 귀찮은 일 중 하나는 자려고 누웠다가 미처 끄지 않은 전등을 끄기 위해 다시 일어나는 게 아닐까. 필립스에서 내놓은 스마트전구 휴Hue는 이런 귀차니즘을 해결해주는 조명이다. 휴는 스마트폰이나 인터넷을 통해 끄거나 켤 수 있다. 그것도 귀찮으면 어렸을 때 동생에게 시키듯이 말로 하면 된다. "불 꺼"라고.

필립스는 휴의 옵션 제품에 애플 기기를 지원하는 휴 브리지 2.0 Hue Bridge 2.0을 팔고 있다. 이 제품을 구입하면 아이폰의 음성비서 시리를 이용해 조명을 조작할 수 있다. 예를 들어 시리에게 조명 색상을 푸른색으로 하라고 하거나 조명 밝기를 30퍼센트로 설정해달라는 식으로 명령할 수 있는 것이다. 그러면 휴는 알아서 이 명령을 수행한다.

에디슨이 발명한 이래 전구는 많은 진화를 거듭해왔다. 형광램프, 할로겐, LED까지 다양한 종류의 전구가 나왔지만 이들은 모두 스위치에 의해 개폐되는 단순한 사물이었다. 이런 전구에 필립스는 마법을 걸었다.

휴는 기본적으로 인공지능과 연결되는 전구다. 휴는 앱 스토어에서 조명을 제어할 수 있는 솔루션을 준비해두었다. 휴의 앱을 이용하면 1,600만 가지 조명 색 표현이 가능하다고 한다. 휴의 조명 색상 선택은 앱에 준비된 사진들을 이용해 터치하게 되어 있다. 이 사진들 외에도 스마트폰 갤러리 내에 있는 모든 사진을 터치해 색을 표현할 수 있다.

휴의 앱에는 알람 기능도 포함되어 있다. 기상 시간을 맞추고 1분 페이드를 설정해두면 원하는 시간부터 시나브로 불이 밝아지고 1분 후에는 모두 켜진다. 휴와 알람시계를 함께 사용하면 기상에 확실히 도움이 된다.

휴의 인공지능에는 지오펜싱 기능도 있다. 집 위치를 선택하고 온·오프 설정을 해두면 집 근처로 왔을 때 자동으로 인식해서 조명이 켜지고 집 밖으로 나가면 자동으로 조명이 꺼지도록 해 안전과 에너지 절약을 모두 할 수 있다. 일조 시간 설정도 할 수 있다. 일몰 후에는 자동으로 불이 켜진다. 여기에 인공지능을 좀 더 업그레이드하면 계절 별로 이 시간이 자동 조절될 수 있도록 만들 수 있다.

휴 토크Hue Talk는 음성인식 인공지능이 연결된 앱이다. 이 앱을 이용하면 스마트폰에서 음성으로 조명을 조절할 수 있다. 휴 앱 중에 가장 재미난 앱은 암비파이ambify다. 이 앱을 작동하면 음악에 맞춰 조명의 색상과 조도가 찬란하게 바뀐다. 할로윈 분위기, 파티 모드, 크리스마스 모드 등 흥미로운 앱들이 많다.

휴가 웨어러블 기기의 인공지능들과 연결되면 우리 몸 치유에도 사용될 수 있을 것 같다. 웨어러블 기기를 통해 측정된 사용자의 컨디션에 대한 정보를 휴의 인공지능이 받아 바이오 리듬이나 컨디션에 적합한 조명을 제공하는 것이다. 인공지능이 사용자가 몸의 상태 별로 조절한 조명을 오랜 시간 동안 학습해보면 상황 별 조도와 색상 등을 판단할 수 있을 것이다. 여기에 네스트 같은 온도 조절기까지 합세해준다면 사용자의 방은 완벽한 힐링 공간이 될 수 있다.

#휴 #휴 토크

Tip 1

스마트홈은 스마트폰과 연동해서 여러 가지 편리한 기능을 제공할 수 있다. 다음과 같은 앱은 어떨까? 외출 시 가끔 걱정되는 것이 가스나 전등을 켠 채 나오지 않았나 하는 것이다. 이런 우려를 덜기 위해 스마트폰이 집으로부터 100미터 이상 떨어지면 집 안의 전등과 가스가 자동으로 꺼지거나 잠기도록 지오펜스를 설정할 수 있다면 어떨까. 앞으로 우리가 살아갈 집을 마법의 집으로 만든다고 생각하면 이보다 더 기발한 발명 아이디어가 떠오를 것이다.

Tip 2

세계적으로 1인 가구 수가 급증하고 있다. 우리나라도 1인 가구 수가 300만을 넘었다고 한다. 이런 1인 가정을 위해 사이버 집사를 제공하면 좋을 것 같다.

사이버 집사는 집 안의 모든 기기를 조절하는 네트워크 허브와 같은 존재로 〈아이언맨〉의 자비스처럼 인공지능을 기반으로 한다. 사이버 집사가 사용자의 친구의 역할까지 할 수 있으면 더욱 좋겠다. 이제 집에 들어가면 TV나 냉장고 도어에 있는 모니터가 켜지고 사이버 집사가 반갑게 맞이해준다. 사용자에 대해 언제나 학습을 하는 집사는 사용자의 라이프 스타일에 맞춰 집을 관리하며, 사용자와 진지한 대화도 나눌 수 있다. 구글 나우나 시리 정도면 좋은 대화 상대가 될 것이다.

본문에서 이야기한 사이버 에이전트 역할을 할 연예인 캐릭터 아바타 사업도 재미있을 것 같다. 곧 스마트TV가 홈 로봇으로 환생하는 날이 오지 않을까?

첨단기술과
슈퍼 비즈니스

삶이 팍팍하다고 느낄 때 우리는 가끔 슈퍼맨을 꿈꾼다. 초능력자가
되어 힘든 일상에서 벗어나고 싶다는 상상을 한다. 남들에게 없는 능
력을 발휘해 부자가 되고 존경도 받고 싶다. 이런 동경의 마음은 그
유래가 깊다. 신화와 옛이야기에 나오는 영웅과 신적 존재들에서 인
간의 욕망을 엿볼 수 있다. 그런데 인공지능이 우리 생활에 들어오면
서 평범한 인간과 능력자의 경계가 무너지고 있다. 기술의 힘을 빌리
면 누구든 슈퍼맨이 될 수 있는 세상이 도래한 것이다.

　　1970년대 미국 드라마 〈육백만 달러의 사나이〉는 내가 처음 본 슈
퍼 히어로 스토리였다. 전직 우주비행사였던 주인공 오스틴 대령은
비행기 사고로 한쪽 눈, 양팔, 한쪽 다리를 못 쓰게 되자 최첨단 생체
공학의 도움으로 눈과 팔과 다리를 기계로 교체했다. 20배 줌인 기능
과 적외선 가시 능력이 있는 눈, 불도저에 버금가는 몇 백 마력의 힘

을 가진 팔, 15미터를 점프하고 시속 60마일로 달릴 수 있는 두 다리까지 지닌 슈퍼파워를 가지게 된 것이다.

그로부터 40여 년이 흐른 지금, 육백만 달러의 사나이에게 슈퍼파워을 주었던 부품들이 웨어러블 기기란 이름으로 시판되고 있다. 스마트 글라스를 착용하면 20배 줌이 문제가 아니라 지구 반대편에 있는 사람까지 실시간으로 볼 수 있다. 엑소수트를 입으면 작은 차 정도는 직접 들어 올릴 수 있고, 전동 휠에 조금만 더 큰 모터를 달면 시속 60마일로 달리는 것쯤은 일도 아니다. 또한 로켓 자켓을 입으면 하늘까지 날 수 있다.

기술의 발달은 상상 속 능력을 하나씩 현실화했다. 그리고 인공지능과 연결된 제품이 쏟아져 나오면서 이야기 속에 등장했던 슈퍼파워들이 우리 생활 속에서 실현되기 시작했다. 여포의 적토마처럼 주인의 말귀를 알아듣고 스스로 방향을 정해 달리던 명마는 자율주행 자동차로 구현되었다. 또한 생각만으로 사물을 움직인다는 염력은 뇌파 측정기로, 공간이동의 꿈은 3D 프린터와 홀로그래피로 실현되었다. 나아가 '인간이 두뇌 능력의 100퍼센트를 다 쓰면 신적인 존재가 될 수 있지 않을까?'라는 초과학적 상상은 인터넷과 인공지능이 만들어낸 초연결 인공지능의 등장으로 현실이 되고 있다.

인공지능 네트워크의 뿌리는 인간의 오랜 생존 욕구였다. 생존을 위해 인간은 언제나 초자연적 존재가 되는 꿈을 꾸어 왔기 때문이다. 과학의 발달은 인공지능과 사물을 연결하고 다른 인공지능을 연결해 인간을 초능력자로 만드는 꿈을 실현해나가고 있는 것이다. 이 과정을 본다면, 복잡한 첨단기술의 뿌리가 결국은 인문학에 있음을 알 수 있다. 첨단기술 뒤에 존재하는 인공지능이 인간처럼 인식하고 판단하도록 개발하는 과정 자체가 바로 인문학적 사고의 시현 과정이기 때문이다. 뿌리를 알고 나면 복잡한 기술에 보다 친근하게 접근할 수 있으며, 새로운 개발 아이디어 또한 쉽게 얻을 수 있다.

사물인터넷 비즈니스 전략을 다룬 전작 《디스럽션》을 집필하기 위해 사물인터넷과 관련된 많은 IT 기업과 제품을 연구했었다. 그 과정에서 "우리의 현재 모습을 40년 전 과거 시점에서 바라본다면 어떨까?"하고 상상해본 적이 있다. 그 같은 시점에서 바라본 오늘날 우리의 모습은 가히 슈퍼맨이라 할 만했다. 인터넷과 연결된 사물을 사용하고 그 사물에 연결된 인공지능과 협업하고 지휘하는 모습은 내가 어린 시절 어린이 잡지에서 보았던 미래 인류의 모습을 능가했기 때문이다. 투시력은 기본이다, 공간이동, 소환술, 독심술, 염력 등 다양한 초능력이 판매되는 시대인 것이다. 게다가 이런 능력이 때로는 무료로 제공되기도 한다.

그래서 나는 이 책을 통해 인공지능이 연결된 첨단기술을 상상 속에만 존재하던 슈퍼파워와 은유적으로 연결해 사물인터넷 시대의 다음 세상을 소개하고자 했다. 그리고 슈퍼파워 제품들을 만들고 판매하는 사업을 슈퍼 비즈니스라 명명했다. 첨단기술 제품을 내놓은 기업을 슈퍼파워의 산실로 바라보면 그들의 스토리는 블록버스터 영화

보다 재미있었다.

　나와 가까운 사람들은 내가 왜 아직도 공부를 하고 책을 쓰는지 이해할 수 없다고 한다. 나는 무언가를 깨우치는 데 남들보다 더 시간이 걸리는 편이다. 그래서 50년 넘게 늘 배우면서 살게 되었다. 뭐든지 오래하면 잘하기 마련이다. 디지털 인문학이라는 거대 담론을 마음에 담고 공부를 한 지 15년 만에 인공지능과 함께 살아가는 인간들의 본 모습을 자유롭게 그려볼 수 있게 되었다. 이는 무척 즐거운 경험이었다. 이 즐거움을 다른 이들과도 나누고 싶은 것이 내가 책을 쓰는 이유다. 이런 경험을 또 한 번 할 수 있게 해주신 리더스북 관계자 분들께 무한한 감사를 드린다.

　이 모든 일들이 가족이 있기 때문에 가능했다. 난 참 복이 많은 사람이다. 두 아들은 사회에 필요한 사람으로 성장했다. 사실 나는 일하느라 아이들은 공부하느라 힘들고 어려운 시간을 많이 보냈다. 그런 우리 세 부자 뒤에는 언제나 흔들림 없이 중심을 잡아준 아내가 있었다. 이들에게 진심으로 사랑한다는 말을 전하고 싶다.